新書

秦 郁彦
HATA Ikuhiko

陰謀史観

465

新潮社

陰謀史観∞目次

第一章　陰謀史観の誕生

——戦前期日本の膨張主義——

フィクションには歴史があるかもしれないが、
歴史にフィクションがあってはならない。
——ピーター・ゲイ

「陰謀史観」とは

昭和史ブームだという。論争の合い間を縫って、「陰謀史観」という四文字の成語を目にする機会が多い。いかにも現代史は各種の「陰謀」で動かされているかのようだが、果してそうなのか。

まずは語義をと『広辞苑』を引いてみたが、「陰謀史観」の項目はない。意外な気もしたが、そのかわり「陰謀」と「史観」の定義が見つかった。次のように書いてある。

陰謀　ひそかにたくらむはかりごと。

史観　歴史的世界の構造やその発展についての一つの体系的な見方（傍点は秦）。

両者を接合してもスッと頭に入ってくる説明とは言いにくいので、さらに探していると、海野弘による次のような定義が見つかった。

身のまわりに不思議な出来事が起きる。もしかしたら、それは偶然ではなくて、なにかの陰謀、〈彼ら〉の企みではないだろうか。このような考えを〈陰謀史観《コンスピラシー・セオリー》〉という。この、見えない〈彼ら〉は、神であるかもしれず、悪魔であるかもしれない。〈彼ら〉として、ユダヤ人、フリーメーソン、ナチ、共産主義者、さらには宇宙人までもが名指されてきた。(1)

箇にして要を得た解説だと思うが、ついでに私がかなり前にくふうした「特定の個人ないし組織による秘密謀議で合意された筋書の通りに歴史は進行したし、進行するだろうと信じる見方」という定義も付け加えておきたい。

『広辞苑』のキーワードは「ひそかに」と「はかりごと」だが、「体系的」が加わって三点セットになることで、ありふれた一過性の事件、たとえば犯行声明の出たテロとか、融資をとめられての倒産劇などは外れる。

人気は高くてもフィクションとわかりきっている物語、たとえば八犬伝、西遊記、レ・ミゼラブルのような小説、さらにノストラダムス、竹内文書など、時に「トンデモ本」と呼ばれるSF、スピリチュアル、オカルトのたぐいも対象外にしたい。
見きわめがつきにくいのは、司馬遼太郎の『坂の上の雲』や吉村昭の『生麦事件』のような歴史小説のジャンルである。いずれも図書館ではフィクションの棚に並んでいるが、占領下の怪事件の多くは米軍がらみの謀略だとした松本清張の『日本の黒い霧』は、歴史部門の棚に置かれていることもある。

人気や売れ行きを比べると、フィクションとノンフィクションではケタちがいの格差がある。ハリー・ポッターや村上春樹なみのミリオンセラーを狙う人は、小説家の道を行くべきだろう。私は歴史小説と歴史書の判別は、会話体の有無を一応の目安としているが、この種の線引き論議はとりあえず留保して、私なりに選定した代表的な陰謀史観を例示してみたいと思う。

選定の基準は、

（1）前記の「ひそかに」、「はかりごと」、「体系的」の三条件を満たしていること。
（2）昭和期を中心とする日本近代史の流れにくり返し出没して、定説ないし通説の修正を迫るもの。
（3）それなりの信奉者を集め、影響力を発揮している。

としておく。

歴史学では大小の論争がつきものである。そして問題提起、推論、仮説が出つくす過程を経ておのずと通説や定説が固まってくるのだが、それにあえて異を唱える主張と論者は修正主義（revisionism）、修正主義者（revisionist）と呼ばれる。新人が名を売る早道なので、アメリカには「修正主義者は事件の数ほどいる」と皮肉る声もある。

黒白がすぐはっきりするミクロの論点では、多くが正統派の手きびしい反証に遭って消えてしまうが、世界制覇を狙うコミンテルン（国際共産主義）、ユダヤ、フリーメーソン、ルーズベルト、昭和天皇などを主役に立てたマクロの陰謀説ともなると、水掛論になりがちだ。しかもスケールが大型になるほど、立証もできないかわり、決定的な反証も出しにくいから生き延びやすい。人気の消長はあるが、大型書店の一画にこの種の作品がずらりと並んでいる風景は珍しくない。

それぞれに熱烈な信奉者や追随者がいて独立王国を形成しているが、ふしぎなことに主役争いは稀で、なぜか平和的に共存している。たとえば第二次大戦をたくらんだのはユダヤ人かコミンテルンかをめぐって信奉者同士で争ったような例は見かけない。

これから主だった陰謀史観をとりあげて観察するが主軸にすえたいのは、明治維新に始まる近代日本の急速な発展ぶりが生みだした陰謀史観である。今になってふり返ると、それは多分に被害妄想の産物だったと言えるのかもしれない。

マルクス主義歴史家が「早発的帝国主義」と呼ぶ日本の対外膨張欲を、先進帝国主義勢力が許容するはずはないと思いこめば、日本は包囲下（たとえばＡＢＣＤ包囲陣）にあって、いずれ窒息するしかないのなら、「東亜百年戦争」の覚悟で囲みを破ろうとする衝動にかられることになる。

疑心は疑心を呼ぶ。ドイツのヒトラーと並んで、日本も後述する田中上奏文に示されるような世界征服の野望にとりつかれているのかという臆測が、内外に広がる。それを裏返した形でアメリカ、イギリスなどの先進諸国が開国の強要に始まり、じわじわと日本を追いつめているのではないかという猜疑心が日本の内部にくすぶり定着していく。

こうしてアクションがリアクションを呼ぶ形で、第二次大戦の心理的背景が成立する。「お互いさま」とはいえ、まずは脚下を照らす主旨から、日本が主役ないし傍役となった陰謀史観の流れを、幕末・維新までさかのぼる対外膨張論の系譜と照合しつつ、たどってみる。

十九世紀半ばから二十世紀初頭にかけての帝国主義時代には、国家が生存するためには武力の行使や威嚇で領土や勢力圏を拡張するのは当然とするのが、国際社会の通念になっていた。食うか食われるか、という弱肉強食の論理である。

ところが、長い鎖国体制を解いて開国はしたが、列強に植民地化されそうだという危機感のなかで幕末、維新の思想家や志士たちは早くも日本の対外膨張を夢想していた。清国、朝鮮など他のアジア諸国には見られない特異な現象だった。

表1は幕末から日清戦争前までに出現したこの種の構想をＡＢＣの三期に分けて例示したもので、後になるほど空想性が薄らぎ、現実性が濃くなっていく。とくにＡの多くは、日本全国がペリー艦隊の来航（一八五三年）に「たった四杯で夜も眠れず」と動転していた時期にしては、正気かと疑われるほど弱肉の身分をわきまえぬ向う意気におどろくしかない。

Ｂになると「机上の空論」を脱し、Ｃに至っては実行計画と呼んでもよい域に達するが、多かれ少なかれＡやＢの先人たちから影響を受けているので、全体を一本の系譜とみなしても不自然ではない。

ともあれ、Aに登場する論者は、いずれも当代きっての知識人だったが鎖国のゆえに海外渡航歴はなく、地理の東西も怪しいほど貧弱な情報量しか持ち合わせていなかった。無知なるがゆえの蛮勇と評してよいのかもしれない。

それでも彼らは、欧米先進国に対抗しうる近代的兵器や渡洋可能な大型船がわが国にないくらいは承知していた。したがって「今、海外出撃の大号令が下ったとしても、……南支那海の激浪を乗り切る軍船を結集し得る藩は一つもない」（島津斉彬）のだから、出撃は「船ほぼ具《そな》わり、砲ほぼ足らば」（吉田松陰）になってからの将来目標だったともいえる。

スケールがもっとも大きいのは佐藤信淵、ついで松平慶永で、後年の「八紘一宇」につながる世界制覇を夢想しているが、多くは列強の分割が未確定段階にあった朝鮮、清国を主目標とする東アジア大陸と南洋の一部への出撃論にとどまる。また列強に割りこむさい、清国との提携（島津）やロシアとの同盟（橋本左内）を説く見解もあった。佐藤信淵も、晩年にアヘン戦争で清国が列強に敗れたのを知ると、一転して日清同盟論を唱えている。

Bの論者はいずれも新政府の高官であるだけに、列強が許容するであろう枠内での征

表1　初期の対外膨張構想

A維新前

	氏名	出典	年	要旨
1	佐藤信淵	「宇内混同秘策」（『日本思想大系』45）	1823（文政6）	武力によって満州、支那、台湾、フィリピンを攻め取り、南京に皇居を移し、全世界をすべて皇国の郡県とする。
2	吉田松陰	「幽囚録」（『吉田松陰全集』第1巻）	1854（安政1）	朝鮮を朝貢させ、満州、台湾、インド、ルソン、カムチャッカを斬り従え、進取の勢を示すべし。
3	島津斉彬	松平慶永への茶話（『島津斉彬公伝』）	1855（安政2）	朝鮮を領有すべし。薩摩は台湾と対岸の福州を占領し、亡国に瀕した清国の内政改革を果し日清提携へ。
4	橋本左内	村田氏寿宛書簡（『橋本景岳全集』）	1857（安政4）	ロシアと同盟して、朝鮮、満州、支那はもとより、遠く南洋、印度を討伐し、終に五大洲を統一する。
5	山田方谷	「清国大乱三手攻入策」（『山田方谷全集』第3巻）	1861（文久1）	清国大乱で無主の地となり、切り取り勝ちとなったので、左軍は台湾、右軍は朝鮮、中軍は山東より清国を占領（のちにオーストラリアへの南進も）。

B維新後（I）

	氏名	出典	年	要旨
1	松平慶永（春嶽）・徳大寺実則ら4名	国是につき天皇への奉答書（『松平春嶽全集』第2巻）	1869 2月（明治2）	支那、朝鮮の如きは属国たらしめ、西洋各国を圧倒し遂に宇宙間の一天子となし奉らん。
2	佐田白茅（外務省出仕）	征韓建白書（『明治文化全集』第24巻）	1870 3月	30個大隊で5旬内に朝鮮を征服して国王を捕虜に。清国が妨害すれば併せて伐ち、ルソン、台湾は手に唾して取るべし。
3	江藤新平（太政官中弁）	対外策（岩倉右大臣への建白書）（『南白江藤新平実伝』）	1871 3月	五年間に軍艦120隻などの海陸軍備をととのえ一挙、支那を征し（場合によりロシアと分割）終には米、露、独と世界を争うべし。
4	西郷隆盛（参議・陸軍大将）	有馬純雄への談（有馬『維新史の片鱗』）	1872頃	朝鮮は通り道で、満州を占領して足場に、手向う者を片端から征服する。ロシアを処分して支那に着手する。
5	桐野利秋（陸軍少将）	金沢藩士3人への談話（『鹿児島県史料—西南戦争』第3巻）	1875（明治8）	支那、朝鮮、満州を略取し、以て欧亜各国に侵入するの基を立つべし。

C維新後（Ⅱ）

	氏名	出典	年	要旨
1	伊地知正治 ↓西郷隆盛	征韓作戦計画 （『伊地知正治小伝』）	1872〜73 （明治5〜6）	西郷の遣韓が決裂の場合、4万の兵力を壱岐、対馬経由で釜山に上陸させ、うち1・3万を海上から京城へ7千を平壌に派遣し、退路を断って国王を捕虜にする。
2	山県陸軍卿	外征三策（『陸軍省沿革史』）	1874	（本文参照）
3	桂太郎中佐	対清作戦策 （故桂公伝記参考書㈢）	1880	まず海軍が福州を攻略し、陸軍は3個師団が遼東半島より天津、ついで北京に進撃し、城下の盟を求める。
4	小川又次大佐 （参本二局長）	清国征討策案 （『日本史研究』75号の山本四郎論文）	1887	五年準備ののち、まず海軍が清国海軍を撃破したのち、6個師団の陸兵を送って北京を攻略、2個師団を上海から長江沿いに宜昌まで進攻、清帝を捕虜に。
5	岡本柳之助 元陸軍少佐 （民間人）	「東洋政策」	1891 （明治24）	直ちに清国を討つべし。3個師団のうち主力を釜山へ送り、一部は仁川に上陸し京城を占領後、来攻する清国軍と平壌で決戦したのち、旅順を経て北京へ迫る。

（注1）『東亜先覚志士記伝』上（1933）の9ページ以降に、佐藤信淵から江藤新平に至る諸論の要約が記載されている。
（注2）Cの5は岡本より山県首相へ提出した献策で、全文は渡辺修二郎『評伝松方正義、土方久元』（1896）に収録。

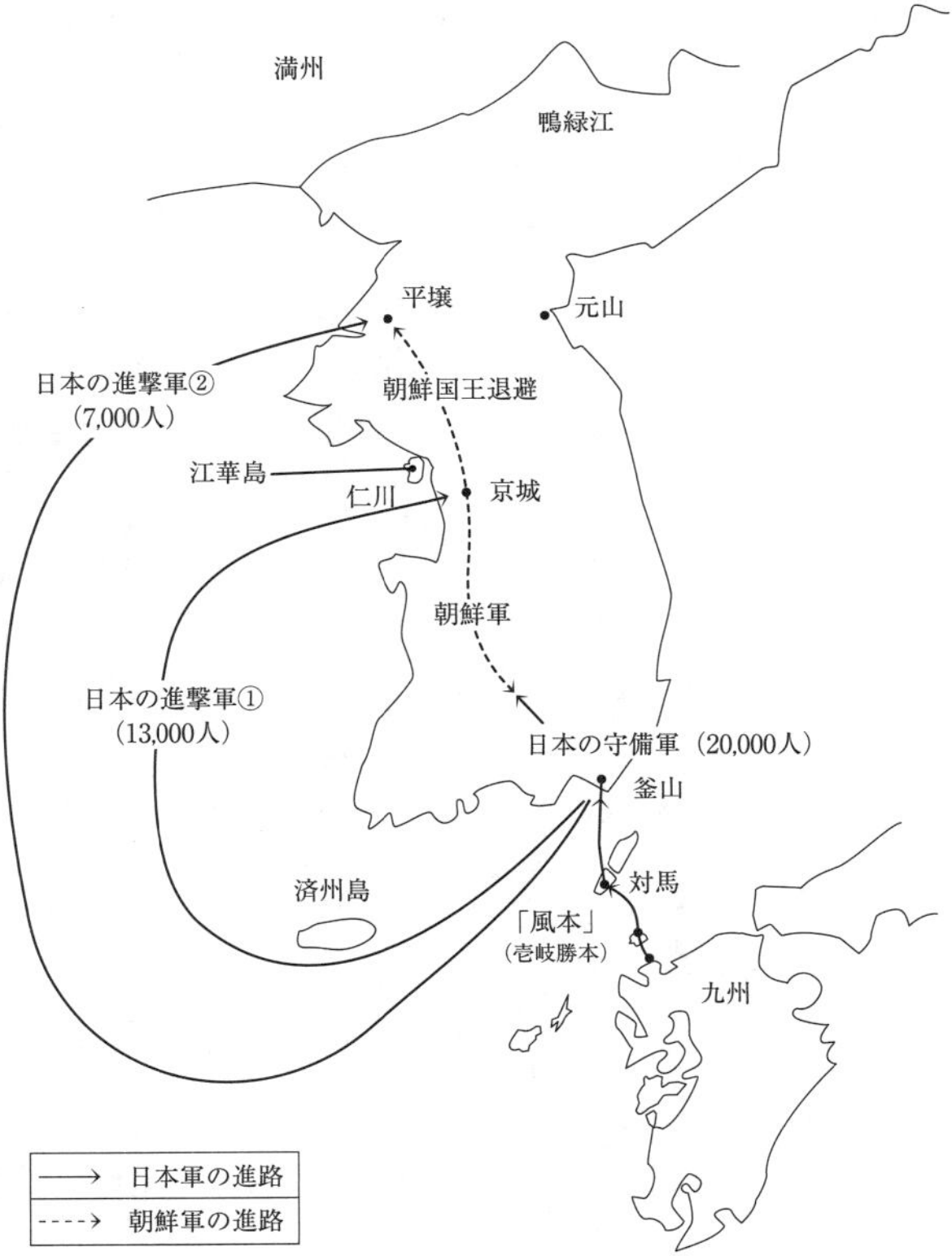

図　西郷・板垣・伊地知らの征韓作戦構想
出所：諸星秀俊「明治六年『征韓論』における軍事構想」
（『軍事史学』第45巻第1号より）

韓・征清論へ収斂していくが、松平慶永や江藤新平のように、世界の覇権争いに加わる遠大な目標を説く論者もいた。共通しているのは朝鮮や清国の抵抗力を極端に下算している点で、朝鮮征服に必要な兵力を三〇個大隊（佐田白茅）、一〇個大隊（桐野利秋）、二〜三個中隊で十分だと壮語したり、清国についても「人愚かに、兵弱く[2]」（江藤新平）と断じている。

他にも、この種の勇ましい論調は珍しくなかった。林房雄が『大東亜戦争肯定論』（一九六四）で「同じ意見は同時代の学者、政治家、志士の書簡や著書の中に見出すことができ、その数の多いのにびっくり」したほどだ。

それを「日本の東亜侵略の第一歩」（井上清）と見るか、「西力東漸に対する思想的反撃[3]」（林房雄）とか「熱烈なる愛国心と民族的の自信からくる対外経綸の萌芽[4]」（『東亜先覚志士記伝』）と評すかは分れるが、私にはどちらの指摘も当っているように思える。

まず現実の日程に上ったのは、神功皇后や秀吉の前例が記憶に残る朝鮮を標的とした征韓論であった。早くは幕末に勝海舟や桂小五郎らによって唱えられたが、内政上の配慮からくる空想論に近かった[5]。しかし明治初年には具体化して、西郷隆盛、板垣退助、江藤新平らが閣議で実施内定にまでこぎつけたにもかかわらず、内治派の岩倉具視、大久保利通らとの権力闘争のあおりで中止となり、敗れた西郷らは下野してしまう。明治六年政変である。

西郷の要請で伊地知正治が立案した作戦計画は、秀吉の朝鮮出兵の先例を参考に四万の陸兵を釜山、京城、平壌に上陸させ、朝鮮国王を捕虜にするという構想だった(6)が未発に終り、二年後の江華島事件を契機に外交圧力で日本は不平等条約を押しつけ、朝鮮半島進出の足がかりを固めた。

中国が朝鮮の宗主国だった事情を考慮すれば、征韓論が征清論に発展するのは自然の成り行きであったろう。後年は慎重居士の定評があった山県有朋陸軍卿は、台湾征討（一八七四）のさなかに「臣請う。三数万の兵を率い、江蘇を蹂躪《じゅうりん》し機に乗じて……天津を突き城下の盟を(7)」と主張する「外征三策」を閣議で開陳したが、北京に出向いた大久保利通全権の外交交渉で清国への開戦は回避された。

その後、山県を本部長として一八七八年に新設された参謀本部は、多数の将校を派遣して清国の情報を収集し、作戦計画の立案に着手した。八七年に小川又次大佐が作成した「清国征討策案(8)」（表1C参照）を見ると、まるで無人の荒野を征するかのような荒っぽい筋書で、清国を降したあとは「分割し数小の邦国」として統治し、清朝は発祥の地である満州へ移すことを予定している。

ところが実情はといえば、日本の戦備は陸軍も海軍も清国より劣勢で、とくに海軍は定遠、鎮遠の巨艦を擁する北洋水師に脅え、勝算を持てなかった。陸軍の小川が立案した同じ時期に参謀本部海軍部の鮫島員規《かずのり》大佐が作成した対清作戦計画は、陸軍一個連隊を対馬に輸送し、来攻を予想される清国艦隊を迎撃するという専守防衛戦略をとっていた。[9] もし制海権が取れぬとなれば、陸兵の輸送は不可能で、北京攻略も奥地進撃も画に描いた餅になりかねない。そこで天皇の内帑金や官吏俸給の一割カット分を製艦費につぎこむ海軍大拡張で、やっと清国海軍に対抗しうる自信を固めた日本が日清戦争に突入したのは、七年後の一八九四年（明治二十七年）であった。

そして陸も海も連勝を重ね、朝鮮全域と南満州を制圧して七個師団の兵力で北京へ迫る態勢をととのえたところで清国は和を乞い、下関条約（二十八年四月）を結んで戦争は終結した。ほぼ小川の計画どおりだったと言ってよい。それにしても、清国はあまりにももろかった。その結果、小川の計画に代表される極端な中国軍事力への軽侮と徹底した攻勢主義、分割統治の思想は多少の起伏はあるにせよ、五十年後の日中戦争期まで一貫して引き継がれていく。

日清・日露の両戦役は日本の「利益線」（山県有朋）とされた朝鮮半島の支配権をめぐる清国、ついでロシアとの争奪戦であったが、日露戦争に勝利した日本は一九一〇年韓国を併合し、南満州に鉄道（南満州鉄道＝満鉄）などの諸権益を獲得した。

それいらい、陸軍や民間の大陸進出論者の間では、「日本の生命線」（松岡洋右）とされた満州が次の征服目標として意識されるようになる。一九三一年の満州事変でこの目的を達した日本は、華北工作を経て中国本土への進出に抵抗する中国との間で三七年、日中戦争へ突入した。

外から眺めると、とめどない日本の侵略戦争と映じたのもむりはないが、国内でこうした露骨な大陸進出政策に異論を唱える人々がいなかったわけではない。明治初年には、改革された朝鮮や中国と提携して白人勢力のアジア侵蝕に対抗しようとする発想が存在した。しかし福沢諭吉が「脱亜論」（一八八五）を書き、「東方の悪友」（朝鮮・清国）は「謝絶」して、むしろ白人勢力のアジア分割競争に割りこむ方向を示唆したのをきっかけに影が薄くなる。

それでも「アジアはひとつ」（岡倉天心）のスローガンは人心をとらえつづけ、大アジア主義、東亜共同体論、大東亜共栄圏へと発展していくが、あくまで傍流の観念論にとどまり、結果的には主流の侵略的行動を正当化し、中和させる役割を演じたのは否定しようもない。

第一次世界大戦（一九一四―一八）を契機に、平和主義と軍縮、民族自決（反植民地主義）の理念をかかげた新たな国際秩序をめざすベルサイユ＝ワシントン体制が成立する。すでに「世界第三位の大国」へ昇格した日本は第一位、第二位と目された英米との国際協調を重視する幣原外交によって、この新体制を積極的に支持した。しかし、まもなく揺り戻しがくる。

幣原の対中国「軟弱外交」に対する軍部や右翼の不満がくすぶるなかで、経済恐慌を収拾できない政党政治に失望し、脱出口を求めた国民は、満州事変を強行した軍部に期待をつなぐ。そしてワシントン体制から離脱した日本は、軍部主導で戦争に明け暮れる軍国主義の時代にひきこまれる。

このように起伏の激しい日本の軌跡を、不安と警戒の目で見守る海外の観察者たちが、国家的意思に発する「計画的犯行」かと疑ったのも、むりからぬものがあった。戦勝十一か国による東京裁判（一九四六―四八）は、一九二八年から四五年に至る日本の行動を軍国主義者たちの「共同謀議」（conspiracy）に基づくプログラムに沿って実行されたという、一種の陰謀史観を前提にスタートした。

それを立証するには、日本の世界征服計画として有名になっていた「田中上奏文」(田中奏摺＝田中メモリアル)を本物と認定できれば好都合だったろうが、検察陣も途中で偽作らしいと気づいたのか追及を打ち切り、うやむやにしてしまう。ヒトラーとナチ・ドイツを裁いたニュルンベルク裁判でも、「共同謀議」は部分的にしか認定していない。

彷徨する田中上奏文

いわゆる田中上奏文は明白な偽書とはいえ、スケール、生命力、影響力のどれをとってみても、日本が関わった陰謀史観中の白眉と評してよいだろう。

それは「内閣総理大臣田中義一、群臣を行率し、誠惶誠恐謹みて、我が帝国の満蒙に対する積極的根本政策に関する件を奏す」と、いかにも荘重な書き出しで始まる。版によって内容に多少の異同はあるが、天皇の勅旨に応じ田中首相が提出したとわかる一木喜徳郎宮内大臣に宛てた一九二七年(昭和二年)七月二十五日付の書簡が添付されている形式に変りはない。

四万字にのぼる本文のなかで、もっとも有名でよく引用されるのは「支那を征服せんと欲せば、まず満蒙を征せざるべからず。世界を征服せんと欲せば、必ずまず支那を征服せざるべからず……これ乃《すなわ》ち明治大帝の遺策にして」のくだりで、上奏文の核心はこの数行に要約されていると言ってよい(10)。

この上奏文の「中国語訳」や英語訳などが広く流布されたのは二年後で、外務省は専門家ならすぐ気がつく単純ミスを指摘して釈明に躍起となった。しかし張作霖爆殺事件（一九二八）や満州事変、日中戦争で事態が筋書どおりに進行しているかに見えたこともあり、中国の宣伝工作もあって広がる火の手を消しとめられなかった。

専門家が指摘したミスは数多いが、ここでは、上奏文にあるまじき誤記の例をいくつか紹介しておこう。

記述の誤り	正しい史実など
○田中が欧米旅行の帰途に上海で中国人刺客に襲われた。	○マニラ旅行の帰途に、上海で朝鮮人の刺客に襲われた（一九二二年）。
○大正天皇は、山県有朋らと九か国条約	○山県は九か国条約が調印される前に死

の打開策を協議した。

○帝国主義、四頭政治、大連長官などの用語。

○中国は吉海鉄道を敷設した。

去している。

○上奏文にはこの種の俗称は使用しない。

○吉海鉄道の開通は一九二九年五月。

では、こうした指摘と追及に対して偽作者側はどう対応したのか。一九三二年の国際連盟理事会で松岡洋右代表と論戦した顧維鈞中国代表は、「この問題の最善の証明は、実に今日における事態である」と反ばくした。つまり真偽は問題でなく、上奏文が出たあとの日本の行動が事実で証明しているとの論法だった。明らかに論点のすり替えだが、陰謀史観論争ではごくありふれた手法ではある。東京裁判でも中国側の証人はやはり真偽論争を避け、顧維鈞と同じ論法で切り返している。

たとえば秦徳純証人（中国国防部次長）を尋問した林逸郎弁護人が「田中覚書の中には福島安正大将の令嬢が金枝玉葉の身を以て蒙古王の顧問になったとか……到底信用難きことが書かれて居りますことに気が付かれませぬでしたか」と問いただす。すると秦は「私はあなたが非常にお詳しいことに対して敬意を表します、但し私は其の内容に付て何等注意したことがございませぬ[11]」とかわした。

日本側の証人になった外交官の森島守人は、弁護人の質問に対し「(田中上奏文は)聞いたことがある。またそれが偽物であることも承知している」と答えた。森島はさらに上奏文の素姓と経路について、「浪人あたりがでっち上げて売り込んだか、中国人の手で創作したか、いずれかであろうと想像される[12]」と述べるつもりだったが、検事側の抗議で発言を打ち切られてしまう。

森島の想像は当っていた。一九八〇年頃のことだが、私は中国の大学に勤務する友人から王家楨(一八九九―一九八四)が一九六〇年に執筆し、北京の『文史資料集』に収録された「日本の二大機密文書翻訳の来歴」と題する回想記のコピーを入手した。王は慶応大学に学び、張学良政権の外交秘書主任をつとめ、三十代で国民政府外交部次長に登用されたのち、中共時代には政治協商会議の委員になった人物である。

その王は、一九二九年に日本の浪人や台湾系日本人の工作員(蔡智堪)が手に入れた材料に加工して上奏文を偽造し、政府部内へ配布した経過を記述していた。「真犯人」しか知らないはずの証言がふくまれ、他の断片的記録とも符合するので信頼性は高いが、中国の歴史家でも知る人は一部に限られていたせいか、奇態な現象が起きた。

八〇年代から九〇年代にかけて、中国、台湾、ロシア、モンゴルの代表が出てくる学術シンポジウムのたぐいでは必らずと言ってよいほど、「田中上奏文」が既定の史実であるかのように語られるのを私は見聞してきた。私はそのたびに「王家楨の手記を知ってますか」と問い、けげんな顔をする報告者にコピーをプレゼントした。

それでも効果はさっぱりだったが、二〇〇三年に東京で日米中の研究者を集めた非公式のシンポが開かれたさい、例のように中国代表が上奏文を持ち出した。そこで王手記を御存知ないのかと質問したら、「そうした説もあるのは知っています」との反応が返ってきた。

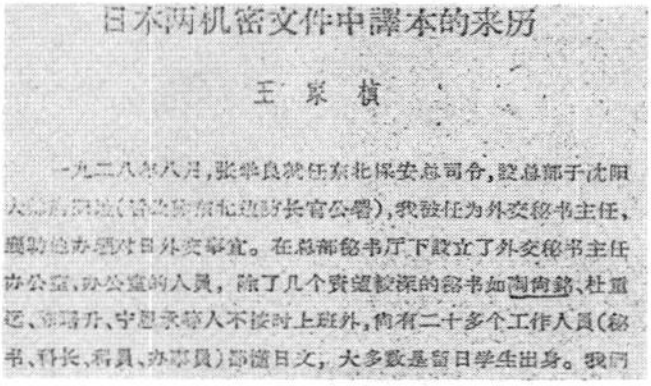
日本两机密文件中譯本的来历

王家楨

一九二八年八月，张学良就任东北保安总司令，設总部于沈阳[illegible]（后改称东北边防长官公署），我被任为外交秘书主任，襄助处理对日外交事宜。在总部秘书厅下設立了外交秘书主任办公室，办公室的人員，除了几个資望較深的秘书如陶尚銘、杜重远、[illegible]等人不按时上班外，尚有二十多个工作人員（秘书、科长、科員、办事員）都懂日文，大多数是留日学生出身。我們

王家楨の回想記

南京虐殺事件の被害者数もそうだが、最近の中国歴史学界は、やっと「諸説があります」と応答するまで進化したようだが、中国の高校教科書には相変らず田中上奏文が七行にわたって堂々と書かれている[13]。

どうやら上奏文の真偽をめぐる論議は決着がついたと言えそうだが、公私の別はともかくとしてそれに類した本物の対外膨張策はこの時期、日本では花盛りの季節を迎えた。

「八紘一宇」と「大東亜共栄圏」

昭和初年に登場したこの種の膨張論の提唱者は、軍人、官僚、経済人、文化人と多岐にわたる。発想の手法はすでに観察した幕末・維新期の膨張策とよく似ていて、連続した一連の流れに見えてもふしぎはない。

林房雄がその思想的継承に着目して「東亜百年戦争」と名づけたゆえんだろう。ただし、この時期には日本の国力、軍事力は飛躍的に向上し、世界の覇権争いに参入できる水準に届いていた。時には現実が先行してしまい、事後的に現実を正当化するための理念が求められる事態も起きている。

たとえば「皇道の大精神」（松岡洋右）を指導原則とする「大東亜共栄圏」（Greater East Asia Co-Prosperity Sphere）という官製スローガンが登場したのは一九四〇年だが、共栄圏の範囲は必らずしも明確でなかった。露骨すぎて警戒されることに配慮してか、むしろ曖昧模糊とした「八紘一宇」（Eight Corners of the World under one Roof）のほうが好まれた。ともあれ、次にいくつかのサンプルを示したい。

綾川武治の人種戦争論(14)

綾川は大学講師や衆議院議員も勤めた右派ジャーナリストだが、『満州事変の世界史的意義』（一九三六）と題した著書で「東亜に張り来った白人侵略の勢力に対する日本の反撃」を第一次（日清戦争）、第二次（日露戦争）、第三次（第一次大戦）、第四次（満州事変）と段階づけた。そして満州事変を「人類史上比類稀なる神聖意義を有する」と手放しで讃美した。

ヘーゲルを援用して世界史における必然的展開とも意義づけているが、人種論をここまで露骨に押しだした論調は珍しい。

石原莞爾の世界最終戦論

石原は満鉄線のレールを関東軍の手で爆破し、それを張学良軍の仕わざとこじつけて武力を発動、満州事変の起点とした柳条湖事件（一九三一年九月）の首謀者である。彼がその四か月前に書き残した文書は、「謀略により機会を作製し軍部主動となり国家を強引する」「満蒙を我領土となす」（「満蒙問題私見」）と明快に宣言していた。

実際には軍中央部の介入で、満州国というカイライ政権の樹立に変ったが、石原構想にとっては序の口にすぎなかった。次の目標は「迅速巧妙に支那本部を我支配下」(三三年六月)に入れ「蘇《ソ》国屈伏せば……英国の東亜に於《おけ》る勢力を駆逐し……ニューギニア、濠州及ニュージーランドを我領土」としたのち「来るべき米国との大決勝戦に備う」(「国防国策大綱」、三六年六月)と、順序を踏んだ壮大な規模へ拡大していく。

いずれも政府や陸軍トップの公式決定ではなく、「私文書」の体裁をとっているとはいえ関東軍作戦主任参謀、参謀本部作戦課長と陸軍の中枢に坐り、一時は日本のヒトラーになるつもりかと内外から臆測された実力者の構想だけに、それなりのリアリティを感じさせる。しかし日中戦争の処理をめぐって軍部内の権力闘争に敗れた石原は、アジア諸国の対等提携をめざす東亜連盟運動へ転じ、代って陸軍の覇権を握った東条政権は一九四一年十二月、対米戦に突入した。

「大東亜共栄圏」の拡大

薄氷を踏む思いで対米英蘭戦に突入した日本は、真珠湾の奇襲航空攻撃で開戦初日に米太平洋艦隊主力を壊滅させ、約半年の間に西はビルマ、東はソロモン・ニューギニア、南はジャワ・チモール島に及ぶ広大な大東亜地域を手中に収めた。まさに破竹の勢いであったが、「勝ってカブトの緒を締めよ」（山本五十六）と戒めても、楽勝気分が全軍にみなぎるのを押さえることはできなかった。

こうした気分を背景に、雄渾な次期作戦構想が、次々に出現する。そのひとつが、一九四二年二月頃に陸軍省が作成したとされる「南方占拠諸地域善後処理方策大綱[15]」と題する文書である。

そのなかに「大東亜共栄圏における土地処分案」「帝国領土として総督府を設置する地方」という項目がある。南方作戦の占領予定地は「マレイ王国」「東印度王国」「ビルマ王国」などとして独立させ、豪州、ニュージーランド、東太平洋（ハワイなど）、セイロン、中央アメリカ（メキシコなど中米と南米の一部）に総督府を置き、日本が統治するというのだ。またアラスカ総督府にはカナダの西半、アメリカのワシントン州までを管轄させるというから、まさに世界の半分を日本が支配する構図になる。

この文書は東京裁判に検察側から提出されたが、誰もが「開いた口がふさがらない誇大妄想[16]」（井上亮）と受けとったせいか、さして論議される機会もなく歴史家からも忘れられてしまう。そのため、文書の性格も起草者も不明のままだが、もちろん正式に採択された形跡はない。

同じ時期に戦勝の浮かれ気分で書かれた類似の「作文」は、他にも見つかる。内閣直属のシンクタンクである総力戦研究所が四二年一月に作成した「大東亜共栄圏建設原案」という作文では、共栄圏を中国、インドシナ、東部シベリア、太平洋諸島、豪州、インドなどを包含した地域とし、欧州共栄圏（ドイツの勢力圏）との境界をペルシャ湾、紅海、スエズあたりに引きたいと提案していた。法廷でソ連検事に追及された清瀬一郎弁護人は、研究所が「単に学生の研究場所」にすぎないと弁明したが[17]、学生といっても全員が陸海軍と各省庁から派遣された現役の中堅官僚だから、いささか苦しい。

陸軍に比べると、慎重、漸進的の定評があった海軍も例外ではない。四二年一月五日の日記に「以後如何なる手を延ばすや、豪州に進むか、印度に進むか、ハワイ攻撃と出かけるか、ないしはソ連の出様に備え好機之を打倒するか[18]」と記入した宇垣纏連合艦隊参謀長は、参謀たちに次期作戦構想を出せ、とせっついた。

そのなかで、もっとも壮大なプランは、フィジー、サモア、ニュージーランド、豪州を攻略したのちミッドウェー、ハワイを取り、一九四三年に入るとカリフォルニアに上陸して空軍を進出させ、米本土全域を爆撃しようという山口多聞少将の案だった[19]。

さすがに、この山口プランは夢物語と片づけられたが、軍令部も連合艦隊もハワイ攻略までは行けると判断し四二年六月、連合艦隊の全力をあげてミッドウェーへ出撃した。しかし索敵の怠慢から先制攻撃を受けた日本機動部隊は、主力空母四隻を失い退却した。一転して守勢にまわった日本はそれから三年、一度も盛り返す機会のないまま敗戦への道をたどる。

一方、戦局の進展に呼応する形で民間のメディアや文化人たちの間からも、「聖戦完遂」を合言葉に国策に共鳴し迎合する論調が噴出した。大東亜共栄圏の建設に理論的な正当性を付与しようとする試みもないではなかったが、きびしい言論統制で必要な情報を入手しにくいのと、あからさまな武力進出行動を唱えるのははばかられたせいか、多くは「八紘一宇」という意味不分明の抽象観念に逃げこんだので魅力を欠いた。

代って読書界で人気を博したのは、A．諸方から迫る外敵の脅威をどう切り抜けるかの自衛策を煽情的な筆致で論じたり、B．米英など敵（性）国の過去におけるアジア侵略の歴史を再構成して糾弾する刊行物であった。いずれも日本の反撃を正当化し戦意を高める潜在的役割を果したと言えそうだが、次に代表的な事例を示そう。

Aでは新聞記者出身のジャーナリストで、「初版三万部、即日売切」式の広告が示すように、多数の時局評論本を書いた武藤貞一（一八九二―一九八三）の著作をかかげる。

内容の紹介は、標題だけでおよその見当がつくので省く。
『世界戦争はもう始まっている』(一九三七)
『英国を撃つ』(一九三七)
『抗英世界戦争』(一九三七)
『日ソ戦に備うる書』(一九三八)
『猶太《ユダヤ》民族の対日攻勢』(一九三八)
『日米十年戦争』(一九四一)

著者は大政翼賛会の要職をつとめたことも災いして、終戦直後に公職追放となったが健筆ぶりは衰えず、『迫り来る共産革命』(一九六九)とか『日本は生き残れるか』(一九八三)のような煽情的著作を残している。

次にBのカテゴリーでは「侵略」の文字が入った標題の著作は、のちにことごとくGHQの「禁書リスト」へ加えられたと西尾幹二は指摘するが、そのなかから、戦中の関連本を並べてみよう。[20]

本山桂川『ロシア侵寇三百年』(一九三九)
柴田賢一『白人の南洋侵略史』(一九四〇)

斎藤栄三郎『英国の世界侵略史』（一九四〇）
デ・クラーク『蘭印侵略史』（一九四〇）
桑原三郎『アジア侵掠秘史』（一九四一）
黒木勇吉『米国東亜侵寇史』（一九四一）
仲小路彰『太平洋侵略史』第一～六巻（一九四二―四三、二〇一〇年に復刻）
大川周明『米英東亜侵略史』（一九四二、二〇〇九年に復刻）
斑目文雄『濠州侵略史』（一九四二）
柴田賢一『米英の東亜侵略年譜』（一九四二）
堀内謙介『米国の世界侵略』（一九四四）

書名と同じように論旨は表題どおり大同小異の強気な翼賛調だが、なかでも開戦直後のラジオ連続講演をまとめた大川周明の著書は第一刷で二万部を売り、当時のベストセラーとなって大きな影響力を与えた。

「剣の福音」を説く北一輝と並び称された大川のユニークな視点は、ペリー提督を立派な人物と評し、彼の手で開国に至ったのは「日米両国のために幸福」だったと認めたあと、「米も今日の如き堕落した国家ではなかった。もしフランクリン・ルーズベルトがペリーの如き魂を持っていたら」[21]と残念がっているところだろう。

両国の友好関係が一変したのは、日本が「日露戦争で占めた地位を米がむりやり奪い去ろうとした」からで、日本が「勇躍してアングロサクソン世界幕府打倒のために起った」[22]のが、大東亜戦争の本質だと主張していた。

東京裁判で日本侵略主義のイデオローグと見なされ、民間人でただ一人のA級被告に指名された大川にしては、どぎつさの薄い論調だが、中国やインドを重視する大アジア主義者として軍の中国撤退を主張していたので、アメリカと戦うのは本意ではなかったのかもしれない。

大川は開廷直後に法廷の前列に座る東条の頭を叩いて発狂と認定され被告から外されるが、この裁判で連合国は対象時期に流布された「八紘一宇」のスローガンに注目した。清瀬一郎弁護団副団長は「検察側はむろんのこと、ウエッブ裁判長もこれこそ日本を侵略戦争にかりたてた世界征服思想であると信じきっていたようである」[23]と回想している。

清瀬は裁判所の誤解を解こうとして、各種の文献や証人を動員する。そして、この理念が神武天皇の詔勅に発し、世界を一つの家族とみなす「世界同胞主義」（Universal Brotherhood）であるゆえんを強調した。しかし判決は清瀬の弁明にとりあわず、「大川周明などは、この言葉を自己の意図する拡張政策に結びつけてこれを用いた(24)」と宣告している。

もっとも、裁判所は児玉誉士夫、笹川良一、葛生能久のような行動右翼は拘束（いずれも不起訴釈放）したが、言論・執筆活動の範囲にとどまった軍国主義者、超国家主義者たちは公職追放や教職追放を適用しただけですませた。

前記の「侵略」関連書の著者たちも、公立図書館から没収はされたものの追放処分さえ免れた者が少なくなかった。公職追放令（一九四六年一月）が公布される前にいち早く公職を辞した者も見逃されがちだった。

大川周明

たとえば戦中に海軍のブレーンとして共栄圏理念の確立に働らいた矢部貞治（東京帝大法学部教授）は終戦直後に自ら辞職したが追放は免れ、こんどは「同志の学者を集めて日本再出発のための基礎理念」を考究する人文科学研究所を設立、「民主主義と警察」のテーマで全国の警察を講演でまわったり、政治学の著書も刊行している。ナチ経済学を鼓吹した荒木光太郎（同経済学部教授）に至っては同様に辞職したが、マッカーサー戦史編さんの顧問格でGHQに就職した。

バーガミーニの亡霊

その東京裁判が暗黙のうちに回避したのは、日本の元首であり陸海軍の総司令官でもあった昭和天皇に対する戦争責任の追及であった。連合国十一か国のなかには、天皇を法廷へ引きだそうとする動きもあったが、占領統治のために天皇をひきつづき在位させ利用したいと考えたアメリカの政治判断に押し切られてのことである。

それでも占領軍総司令官のマッカーサー元帥は開廷に先きだつ予備調査で、昭和天皇がロンドン軍縮条約、日ソ不可侵条約、天皇機関説に賛成し、満州事変、国際連盟脱退、日独伊三国同盟、対ソ戦、日米開戦に反対するなど、ほぼ一貫した「平和主義者」らしいという心証を得ていた。つまり天皇は実質的には権力者にほど遠く、ロボットに近い君主だったと判断したのである。

しかし、天皇を免責したことに対する内外の不満はくすぶりつづけ、日本の反天皇制論者と外国の「修正主義者」が協力しあう場面も見られる。彼らはアメリカの政治的都合で隠されてしまったものの、実は昭和天皇こそ明治憲法で与えられていた大権を行使して、満州事変から大東亜戦争に至る軍国主義時代を主導した強力な君主ではなかったかと言いだしたのである。

こうした試みは日本の精神風土では成功しなかったが、ルーズベルトやスターリンなど強力な戦時指導者像になじんでいた旧連合国の人びとには、それなりの説得力を発揮したように見える。おそらくこの領域での第一走者になったのは、『天皇の陰謀』（*Japan's Imperial Conspiracy*）の著者デービッド・バーガミーニ（David Bergamini）だろう。一二三九ページにもなる原書は一九七一年に刊行され、翌年には前半の三分の一を省略した日本語訳が発表された[25]。

D・バーガミーニ

著者は一九二八年、聖路加病院のアメリカ人設計技師を父として東京・池袋で生れた。八歳までを日本ですごし、中国、フィリピンと移り住み、ダートマス大学を経て最高レベルの秀才がもらえるローズ奨学生としてオックスフォード大学に学んだ。まずは一流の学歴だが、『ライフ』誌の科学記者として何冊か著書も出していたバーガミーニが、日本の近現代史に着目した動機はわからない。

かねてから野心的なベストセラーを書こうと狙っていたにせよ、田中義一に代って昭和天皇を主役にすえる陰謀史観を思いついたのは一九六五年に一年の予定で来日したとき、何かのヒントを得たのではないかと想像する。そのころ何回か私も彼に会っているが、一見すると知的で快活な学究肌のジャーナリストという印象で、接する人には好感を与えた。

ところが数年後に、アメリカの友人たちから、原著の巻きおこした旋風的反応が伝わってきた。なにしろ「ヒロヒトは戦前期の日本を名実ともに支配し、腹心の将校と文官集団を操って、一連の対外侵略を指揮した」という自家広告だけではない。「まさに巨大な達成である。歴史的過程の本質を究めるという命題をこれほど明確に論理的に提出している史書を、私は他に知らない」と絶賛したウエッブ元裁判長の推薦文つきだから、東京裁判のやり直しを要請したようなものである。

知日派学者は、結束してバーガミーニを叩いた。ライシャワーは「不幸な著作」と論難したが、アメリカ人一般の対日知識レベルは意外に低い。一部の反日論者からは、熱烈な共感が寄せられた。

邦訳者（代表いいだもも）は、天皇の戦争責任を追及する立場から、バーガミーニは「東京裁判の法的虚構を成す軍閥神話を粉砕した」と売りこんだが、すぐわかるウソが多すぎたせいか、日本人読者の共感は得られなかった。それでも恒例の記者会見で感想を聞いた人もいて、昭和天皇は「その本について私も聞いているが、本の内容を知らないので論評は避けたい」と軽くかわしている。

私は通読して、思い当るふしがあった。一九二一年、陸士第16期生の三羽烏と言われた永田鉄山、小畑敏四郎、岡村寧次の三少佐がドイツの温泉地バーデンバーデンで会合して、長州閥の打倒と陸軍の近代化を申し合わせたのが昭和軍閥史の起点となったこと、のちに東条英機をふくむ他のエリート将校も加わった由来を彼に語った覚えがあったからだ。

それをヒントにしたのか、著者は「本書によって明らかにされた新事実」と銘打って、「一九二一年一〇月二七日、渡欧中であった皇太子裕仁は……東条をふくむ在欧大使館付武官達及び東久邇宮」と会合し、それは「裕仁の秘密閥の最初の顔合わせ」になったと書いた。

そしてバーガミーニは満州事変以降における日本の連続的侵略行動は、この秘密会合における共同謀議に発すると主張したのである。着想は悪くなかったのだが、くだんの会合の三か月前に主役のはずの皇太子は訪欧旅行を終え、日本への帰路についていた。すぐばれるウソでスタートすれば、その後の物語は全面崩壊するしかないことに著者は気づかなかったのだろうか。

私はバーデンバーデンを訪ねたことがある。大きな温泉ホテルに一泊したあと、数十年前に永田たち三人が滞在し、大声で議論して他の湯治客から苦情が出たというステファニー・ホテルを探してみたが、かなり以前に廃業していることが判明した。その跡地に立って、「共同謀議」の主役は二十八人のA級被告たちではなくて、バーデンバーデンに始まり、二葉会、木曜会、一夕会と変遷した幕僚たちの横断的圧力団体ではあるまいか、との思いにとらわれた。(26)

今では、この圧力団体の活動や役割はかなり詳しく知られている。メンバーの一人で幹事役でもあった土橋勇逸(24期生)の回想によると、二十数名のうち主要メンバーは河本大作(15期、初期の座長)、永田、小畑、岡村、板垣征四郎、磯谷廉介(以上は16期)、東条(17期)、石原莞爾(21期)、鈴木貞一(22期)、武藤章(25期)、高嶋辰彦(30期)のような面々である。一九二七年頃から「密談」の主対象は満州問題の積極的解決策へ向かい、別動隊の橋本欣五郎（23期）、長勇（28期）らは武力クーデター（三月事件、十月事件、いずれも未遂）による国家改造をめざした。

彼らの討議記録を見ると、「満蒙は取る」（東条中佐）、「支那は無理に自分のものにする」（永田大佐）のような発言があり、東条の原案による「帝国自存の為満蒙に完全なる政治的権力を確立するを要す」（28年3月1日）との「判決」が確認されている。そして「結論を具体化して之を実行に上す(27)」と申し合せたとおりの実績となった。関東軍参謀の河本は張作霖爆殺（一九二八年）、石原、板垣は満州事変（一九三一年）の陰謀者、東条は支那事変の推進役を演じ、高嶋は「日本百年戦争宣言」（一九三八年）を発表している。

メンバーのうちA級被告に名をつらねたのは東条（首相）、板垣（陸相）、鈴木（企画院総裁）、橋本（代議士）、武藤（軍務局長）の五人だが、調査不足のせいか東京裁判の法廷は彼らの共同謀議には思い至らなかったようである。法的権限のない幕僚層がロボット化したトップを動かし、陸軍ひいては国家全体を「強引」するという日本的特性を理解しかねたのであろうか。

失意のバーガミーニは一九八三年、五十四歳の若さで病没したが、アマゾンの中古書ページをのぞくと、『天皇の陰謀』は「95％の高い評価」をもらい、七千円前後の値段がついている。奇書扱いなのかもしれないが、初出から四十年を経て生命力を保ちつづけているのは、天皇陰謀論における元祖の強みなのかもしれない。

「良書」を駆逐したビックス本

すでに彼の亜流はいくつか出現している。少し前に世間の耳目を惹いたのは、「バーガミーニと同系列の作品」（ベン＝アミー・シロニー）と評されたハーバート・ビックス『昭和天皇』（*Hirohito and the Making of Modern Japan* by Herbert Bix, 2001）だろう。(28)

著者はニューヨーク州立大学教授の歴史家だが数年間、一橋大学教授を勤めた頃に日本の左翼史家グループとの交流を深めた。依拠した情報の多くは彼らが提供したものかと推測されるが、学術本の体裁をとっているのに単純な地名、人名、日付ばかりでなく誤読、誤訳、引用ミスなど間違いだらけの欠陥本で、さすがに日本の読者から訂正要求が殺到したらしい。

最初に方向と結論を定めてから調べたり書いたりしていく場合には、それに逆らう事実は目に入りにくい。入っても無視したい衝動に駆られるようだ。私の見るところではビックス本の結論は、序文の段階で登場していた。「(昭和天皇は) 日本の戦争政策の絶対的な中枢」という決めつけである。

日本語版の監修者である吉田裕一橋大学教授も同調者らしく、訳書の「あとがき」に「軍部に対してさえ主体的なリーダーシップを発揮し、その結果、戦争への道に傾斜していった昭和天皇の等身大の実像を過不足なく、えがき出すことができた」と手放しでエールを送った。

いくつかの書評も紹介すると、刊行直後は、

「昭和天皇こそ軍国主義者だった」(ロサンゼルス・タイムス紙)

「数世代にわたり読み継がれるだろう傑作」(ブルース・カミングス教授)

「豊富な日本語文献を慎重かつ鋭くえぐっためざましい研究」(ノーム・チョムスキー教授)

「ひた押しに歴史に迫る力業は見事というほかない」(朝日新聞記者外岡秀俊)

ハーバート・ビックス

といった絶賛調が多く、ピュリッツアー賞ももらっ

たが、少し落ちついてくると、

「偏見に満ちたこの本がしていることは歴史のぶちこわしに他ならない」（ピーター・ウエッツラー教授）

「思いこみによって書かれた歴史」（御厨貴教授）

のように本質をつく書評も現れた。

「天皇もの」は宣伝さえ怠らねば、質の良否を問わず売れるというジンクス通り、日本語訳は一〇万部以上のベストセラーとなる。そのかわり少しおくれて出た、

ピーター・ウエッツラー『昭和天皇と戦争』（二〇〇二）

ケネス・ルオフ『国民の天皇』（二〇〇三）

ベン＝アミー・シロニー『母なる天皇』（二〇〇三）

秦郁彦『昭和天皇五つの決断』（原著は一九八四、英訳は二〇〇七）

のような正統派の「天皇もの」はさしたる話題にもならなかった。「悪書は良書を駆逐する」たとえもあり、「陰謀史観もの」が一時とはいえ世に栄える例の見本と言えそうだが、ビックスの亜流はまもなく出現した。イギリスの国営放送として国際的評価の高いＢＢＣの天皇再現ドラマである。

『神社新報』が入手したシナリオを読んだ私は、すぐにビックス本を下敷にして、しかも一段と下品に仕立てたものであることに気づく。そのあたりは、

「ヒロヒト──勝利した負け犬」

「昭和天皇は人格的に歪み、身体的な欠陥を持ち、祖父と比べて見劣りしたので……天皇の座に執着した」

「天皇は国事よりも麻雀《マージャン》で遊ぶのに熱心」

「天皇は平和主義者を演じたが、実はずっと好戦主義者」

のような憎まれ口で見当がつこう。

私たちは天皇に身体的欠陥はなく、麻雀をたしなんだ経験はないことを含め、誤った事実の訂正を求め、もしBBCが英国女王を同じトーンで描いて放映したら、世論の猛反撃を受けて受信料の不払い運動どころか存亡の危機に立たされるだろう、と告げる抗議文を送った。その結果、シナリオは大幅に書き替えられ、実見した人からまずまずの内容になったと聞いている。

昭和天皇を主役にすえたバーガミーニ＝ビックス流のいかがわしい陰謀史観は、今後も折にふれ浮上してくるだろうが、それは対抗思想としての弁明的な陰謀史観を生み出

す。その系譜は戦前期までさかのぼるが、大別すると日本に対する謀略の仕掛人を米英などの先進帝国主義、あるいは国際共産主義（コミンテルンないしスターリン）と見なす二種になる。

すでに紹介した大川周明や林房雄などは前者に入るが、極端な事例としては東京裁判の酒田出張法廷に証人として呼ばれた石原莞爾が、米人記者へ「戦犯第一級のペリーを呼んでこい」と放言、理由を聞かれ、「鎖国主義で結構だ、と言っている平和日本を脅かして世界の荒波の中に曝して了ったからだ(29)」と語り、相手を唖然とさせたエピソードがある。国際共産主義陰謀説の代表格は、重臣の近衛文麿元首相が一九四五年二月、昭和天皇へ奉呈したいわゆる「近衛上奏文」だろうか。

近衛上奏文の妄想

「敗戦は遺憾ながらもはや必至なりと存じ候」と書き出した近衛がそれ以上に心配したのは、「之に伴って起ることあるべき共産革命」の到来だという。

すでに日本共産党は十年前に潰滅し、幹部の全員が獄中にいたはずだが、実は少壮軍人や彼らを取り巻く革新官僚や右翼のなかに「国体の衣を着けたる共産主義者」が多く、

「満州事変、支那事変を起し、之を拡大し、遂に大東亜戦争に迄導き来れるは、是等軍部内一味の意識的計画なりしこと今や明瞭[30]」なのだとする。

早期終戦の必要性を強調するための便宜論かと疑えぬこともないが、どうやら近衛は本気だったようだ。藤田尚徳侍従長は「昭和の歴史は、陸軍の一部が作製した〈五十年戦争計画〉に従って動いてきた。しかもその〈五十年戦争計画〉の最終の目的は共産革命である、近衛公はこう確信していたようだった[31]」と受けとめている。

では三回も内閣を組織した近衛はなぜ、この種の陰謀に気づかなかったのかという疑問が起きるが、見抜けなかったのは「全く不明の致す所にして、何とも申訳なく深く責任を感ずる次第で御座います」ですませてしまった。

さすがに天皇は聞き流し、本気で取りあわなかったが、誰を持ってくればよいかと聞くと、近衛にも代案はなかったらしく、それでも自信なげに宇垣、小畑、石原、阿南ら数人の名を並べている。

近衛に代案がなかったのも当然で、陸軍赤化説を吹きこんだのは、小畑敏四郎予備陸軍中将や殖田《うえだ》俊吉（元拓務省局長）、岩淵辰雄（評論家）らだったことが判明している。[32]

とくに〈五十年戦争計画〉なるものは、石原が参謀本部作戦課長（ついで作戦部長）時代に、ソ連に留学経験がある満鉄のエコノミスト宮崎正義らを起用して作成した重要産業五か年計画に附随する政治構想だった。それを見た殖田は「りっぱな本当のコミニズム計画」と受けとめたが、それは多分に思いこみからきた幻想というより妄想に近かった。

戦時経済は資本主義、共産主義を問わず必然的に統制経済化、計画経済化せざるをえない。人によってはそれを共産主義化への道程と誤認することもありえたろう。

それにしても、「まことにグロテスクな文書」（猪木正道）としか言いようのない近衛上奏文と、類似のコミンテルン陰謀説は、戦後もしぶとく生き残り一定の支持者を集めている。殖田俊吉（吉田内閣の法務総裁）もその一人だが、ここでは三田村武夫（元代議士）の『大東亜戦争とスターリンの謀略』を挙げておく。初版は「戦争と共産主義」の題で一九五〇年に刊行、一九八七年、二〇〇九年にも再刊されている。

要旨は「コミンテルンの究極目的―世界革命への謀略活動」「日本を敗戦自滅に導いた共産主義者」「協力者、同伴者、ロボット」のような目次で見当をつけてもらいたいが、八七年版に岸信介（元首相）が寄せた序文から一部を紹介しよう。(33)

読む程に、私は思わず、ウーンと唸ること度々であった……近衛文麿、東条英機の両首相をはじめ、この私まで含めて、支那事変から大東亜戦争を指導した我々は、言うなれば、スターリンと尾崎（秀実）に踊らされた操り人形だったということになる……今、思うに、東京裁判の被告席に座るべき真の戦争犯罪人は、スターリンでなければならない。

他にも「読んで驚異の目を見張らない日本人が何処《どこ》にあろう」（馬場恒吾読売新聞社長）とか「将来の日本に対して大きな警告」（岩淵辰雄）とか「（共産党の）活動は、世界中が赤色の一色で塗りつぶされるまで続く……」（阿部真之助元ＮＨＫ会長）のような感想が収録されている。日ならずしてソ連が崩壊し、国際共産主義も消滅（？）するのを、誰も予測していなかったことがわかる。

ふしぎなのは、国際共産主義の脅威を説く著作が溢れていた一九三〇年代の日本で、近衛、岸クラスのような指導者層が、あっさりだまされてしまったと自認していることであろう。しかもドイツの仲介で同盟関係に入ろうと画策しているうちに独ソ戦が始まると、一転してシベリアへ攻めこもう（関特演）としたあげくに、終戦の仲介に立ってくれと泣きつくなど、日本の対ソ政策は露骨な御都合主義で終始した。

だまし、だまされの駆け引きで敗れた責任逃れと酷評されても、しかたがないだろう。

(1) 海野弘『陰謀の世界史』(文藝春秋、二〇〇二)八ページ

(2) 江藤冬雄(毛利敏彦監修)『南白江藤新平実伝』(佐賀新聞社、二〇〇〇)一九四—九七ページ、佐田、桐野らの主張については『鹿児島県史料—西南戦争』第三巻(一九八〇)一〇一七ページ

(3) 林房雄『大東亜戦争肯定論』(初版は番町書房、一九六四、夏目書房版は二〇〇一年刊)二四ページ

(4)『東亜先覚志士記伝』上(黒龍会出版部、一九三三)三一一ページ

(5) 幕末の征韓論については仲尾宏「幕末征韓論の系譜」(『木野評論』16号、一九八五)、『日本大学法学研究年報』32、33、35号(二〇〇三—二〇〇五)の滝川修吾論文を参照

(6) 諸星秀俊「明治六年『征韓論』における軍事構想」(『軍事史学』第45巻1号、二〇〇九)を参照

(7)『陸軍省沿革史』(一九〇五)一〇九—一一一ページ

(8) 山本四郎「小川又次稿『清国征討策案』(一八八七)について」(『日本史研究』75号、一九六四)。なお七九年から八〇年にかけて桂太郎中佐と小川少佐は、類似の「対清作戦策」を山県本部長へ提出しているが、詳細は明らかになっていない

(9) 黒野耐「明治二十年頃の海軍の対清作戦計画」(『軍事史学』一二六号、一九九六)

(10) 田中上奏文をめぐる検証の詳細については秦郁彦『昭和史の謎を追う』上(文藝春秋、一九九三)第一章、服部龍二『日中歴史認識—「田中上奏

文」をめぐる相剋1927—2010』（東京大学出版会、二〇一〇）を参照

(11)『東京裁判速記録』一九四六年七月二十四日の項。ちなみに福島には操子という娘（一八九八年生れ）はいたが、内蒙古のカラチン王府に一九〇三年から二年ほど現地の女学校長兼情報収集役として送りこまれた河原操子（一八七五年生れ）と混同したものかと思われる。なお河原は福島との血縁はない。また「金枝玉葉」という形容は、皇族にしか使わない。

(12) 森島守人『陰謀・暗殺・軍刀』（岩波新書、一九五〇）八ページ

(13)『高級中学課本　世界近代現代史』下巻（北京人民教育出版社、二〇〇三）二六—二七ページ

(14) 木下宏一「エリート国家主義者の肖像」（『政治経済史学』五二〇号、二〇一〇）参照

(15) 東京裁判検察側文書一九八七号は法廷証六七九号として受理された。文書の由来について証人の矢次一夫（国策研究会事務局長）は、一九四六年十月九日の法廷証言で、四二年二月か三月頃に嘱託をしていた陸軍省調査部から入手したと陳述している

(16) 半藤一利・保阪正康・井上亮『東京裁判を読む』（日本経済新聞出版社、二〇〇九）一〇四ページ

(17) 東京裁判速記録の一九四六年十月九日の項

(18) 宇垣纏『戦藻録』（原書房、一九六八）六二ページ

(19) 戦史叢書『大本営海軍部聯合艦隊〈2〉』（一九七五）三〇五—〇七ページ、ジョン・J・ステファン『日本国ハワイ』（恒文社、一九八四）第五章

(20) 西尾幹二『GHQ焚書図書開封』一—三（徳間書店、二〇〇八—〇九）

(21) 大川周明『米英東亜侵略史』（第一書房、一九四二年一月）二一ページ

(22) 同右、序

(23) 清瀬一郎『秘録東京裁判』（中公文庫、一九八六）七九ページ

(24) 同右、八一ページ。なお詔勅の「掩八紘而為宇」から、日本的な世界統一の原理として「八紘一宇」を一九〇三年に造語したのは田中智学といわ

れている

(25) バーガミーニと『天皇の陰謀』については、秦『昭和史の謎を追う』上、第一章を参照

(26) バーデンバーデンの会合に始まる一夕会などの内情は、今でも完全に解明されているとは言いにくい。初出の文献は高宮太平『軍国太平記』（酣灯社、一九五一）と思われる。他に秦郁彦『軍ファシズム運動史』（河出書房新社、一九六二）、土橋勇逸『軍服生活四十年の想出』（勁草書房、一九八五）を参照

(27) 「鈴木貞一氏談話速記録（下）」（一九七四）付属の「木曜会記事」

(28) 邦訳はビックス『昭和天皇』上下（講談社、二〇〇二）。なおビックス批判については、秦郁彦『歪められる日本現代史』（PHP研究所、二〇〇六）を参照

(29) 『共通の広場―石原莞爾特集』（一九五三）の曹寧柱稿

(30) 『木戸幸一関係文書』（東京大学出版会、一九六六）四九五―九八ページ

(31) 藤田尚徳『侍従長の回想』（中公文庫、一九八七）六二ページ

(32) 殖田俊吉「日本バドリオ事件顚末」（『文藝春秋』一九四九年十二月号）、『自由』33、34号（一九六〇）の殖田論稿

(33) 三田村武夫『大東亜戦争とスターリンの謀略』（自由社、一九八七）

第二章　日米対立の史的構図（上）

日米対立の史的構図

最近の保守系総合雑誌別冊のタイトルに、「日米〈宿命〉の対決」とあるのを見かけた。「されど日米戦争は終わっていない」というサブタイトルまでついている。[1]

日米は同盟国のはずなのに、なぜだという思いで寄稿者十数人の論調に目を通すと、日米再戦を唱える人も、過激な反米論者も見当らない。半世紀つづいた日米安保条約をそろそろ廃棄しようという意見も見つからなかった。どうやら同盟といっても対等とはいえず、実体は一方的な対米従属状況がつづき、かといって対等性を回復する妙案もないことへの空しいいらだちと見受けた。

それでも日米の対立、衝突を〈宿命〉と思いこめば、友好を願う善意や努力が無力、無意味になりかねぬリスクをはらんでいる。太平洋戦争の直前期には、多かれ少なかれ日本国内とくに海軍部内に日米戦を〈宿命〉と諦観する気分が広がっていたのを連想するからだ。

一般論だが、国際関係は対立と協調の要素が重なりあいつつ変転していくのが通例である。ざっと眺めても、ペリー来航いらい一五〇年を超える日米関係は①友好→②対立→③戦争→④友好（同盟関係）と変転する歴史を重ねてきた。視点をどの時期、どの側面にすえるかによって、景色はがらりと変る。

性善説に立つか、性悪説に立つかによる違いと言ってもよい。もし開国の「恩人」ペリーの訪日から筆を起こす戦前期の「日米友好史」を書くとすれば、クラーク博士に代表される御雇教師たちの献身、セオドア・ルーズベルト大統領による日露戦争の講和仲介、ポトマック湖畔の桜並木寄贈、和洋人形の大量交流など硬軟とりまぜた材料にこと欠かない。日米開戦の日も、午前中までは東京都心の映画館でゲイリー・クーパー主演の西部劇が上映されていた。

そして両国が砲火を交え、相互憎悪に燃えた太平洋戦争期の三年余がすぎると、たちまち基調としての友好が復活したと総括することもできる。反対に一世紀半の日米関係史を性悪説に立ち、「日米対立史」として描きだすのも、さして困難な作業ではない。

①の友好から②の対立への転機は、一般に日露戦争直後とされているが、東京裁判で石原莞爾将軍が「戦犯第一号はペリー提督だ」と放言したように、ペリー来航までさかのぼってアメリカの一貫した対日野心ないし陰謀を説いた論者は珍らしくない。とりわけ「陰謀史観」に「宿命観」が結びつくと、友好を願う善意や努力は無力化し、勝敗を度外視しても戦う以外の選択肢が目に入らなくなってしまう。

「宿命観」にとらわれると、どうせ日米必戦が宿命なら、戦力比が多少とも有利な時点で戦端を開こうという気分が生れる。太平洋戦争直前の日本海軍は、ワシントン、ロンドン両軍縮条約いらい主力艦の対米六割比率（英を加えた対米英比は三割）の下で戦う自信を持てなかった。

ところが一時的とはいえ対米七割強に好転したので、「今は戦勝の算はあるが……明年後半はもはや歯が立たぬ」（永野修身軍令部総長[2]）として開戦を主張する。

後述するように、帝国国防方針が明治末期以後の三〇年、アメリカを仮想敵国としていたうえ、あまたの日米未来戦記に接しているうち、海軍軍人の多くがいずれ不可避の宿命と受けとめる傾向が見られた。陸軍でも開戦の方向を決した一九四一年九月六日の御前会議に臨んだ杉山元参謀総長が、「日米の政策は根本的に背馳し……戦争に迄発展すべきは歴史的必然性を持つ」[3]と陳述している。

未来戦記の読者に代表される「床屋政談」レベルの「ウォー・スケア」（War Scare）を持ちまわる「アラーミスト」（alarmist）たちの影響力も、無視できない。太平洋の地図を広げて、向かいあう二大海軍国の衝突を直感するアマチュア戦略家たちに輪をかける形で、一九三〇年代には学術的な粧いを施こしたハウスホーファー流の「大東亜地政学」（geopolitics）も登場する。

当然のことながら、こうしたマスコミの媒介する浮説、流言のたぐいと国家の政策の間には落差がある。日米関係における両者のギャップは想像以上に大きかった。それを念頭におきながら、あえて負の側面から見た日米関係史を明治初年にさかのぼり、いくつかの局面を抜きだし観察してみたい。

アメリカのハワイ併合

明治初年以降における日本の対外膨張の主方向は、ほぼ一貫して朝鮮半島を経由する中国大陸や東部シベリアをめざすもので、北進論と呼ばれていた。台湾を基点に東南アジアや中部太平洋を目標とする南進論もあったが、一九三〇年代後半に至るまで傍流的地位に終始する。

明治以前の歴史を見ても、日本は白村江の戦いの前後（七世紀）、秀吉の朝鮮出兵（十六世紀）の二度、朝鮮へ軍を送りだし、元・高麗連合軍の北九州上陸（十三世紀）を体験している。それに比べると、南進の実績は八幡船が東南アジアと往来（十六世紀）した一時期だけ、それも通商の範囲にとどまり、太平洋方面にはほとんど足跡を残していない。

幕末にはロシア、イギリス、フランス、アメリカなど欧米帝国主義諸国が競って開国を迫るが、日本は危険性がやや少ないと思われたアメリカを選んで開国の条約を結び、植民地化の危機を切り抜けた。アメリカがインディアン討伐や南北戦争（一八六一―六五年）などに追われ、積極的な対外進出をはかる余裕のなかったことも幸いした。「開国の恩人」として日本人に感謝されたアメリカも、急速な近代化と富国強兵路線を歩む日本に好意的態度を示した。

こうした日米の蜜月時代が一段落したのは、二十世紀に入る頃である。歴史家フレデリック・ターナーが「フロンティアの消滅」を確認したのは一八九三年であるが、その前後からアメリカは神が欲する「マニフェスト・デスティニー」（明白な天意）を旗印に、新興の帝国主義国家として太平洋へ乗りだしていく。その向うには日本をふくむ東アジアがあった。

年表風に列記すると、中国市場の門戸開放を宣言したヘイ・ドクトリンの発出（一八九九）、米西戦争に勝利してのフィリピン領有（一八九八）、ハワイの併合（一八九八）、パナマ運河の着工（一九〇四、完成は一九一四）、真珠湾軍港の着工（一九〇八）、とつづく。大陸国家から海洋国家への転換と呼んでよいが、そのイデオローグとなったのは、アルフレッド・セイヤー・マハン（Alfred Thayer Mahan）である。

海軍大学校長のマハン大佐が、海軍による制海権の獲得によって通商と市場を拡大するのが強国への道になると説いた『海上権力史論』（*The Influence of Sea Power upon History*）を刊行して、世界的名声を博したのは一八九〇年であった。三年後には邦訳も刊行され、秋山真之らの海軍士官ばかりでなく政治家やジャーナリズムにも歓迎されたのは、著者が海軍力の拡張だけでなく植民地主義、膨張主義を支持していたからでもある。

マハンはその後も海洋戦略に関わる時事的な論評や提言を発表しているが、『アトランチック・マンスリー』（一八九〇年十二月）誌に発表した論文では、早くも「舞台は大西洋から太平洋へ移った。そうなればアメリカに対する脅威は日本から来るはずで、ハワイを外国の影響下にさらしてはならない」[4]と論じた。さらに九三年一月、米人ドールが米軍艦の支援下に起こしたクーデターでハワイ王国の女王が退位するや、「野蛮な黄色人種の手に落ちないよう直ちにハワイを偉大な文明的海洋国（アメリカを指す）が併合すべきだ」と三月一日のニューヨーク・タイムス紙上で主張する。

マハンの懸念は、必らずしも幻想とは言えなかった。日本政府は四万人に達していた日本人出稼ぎ労働者の安全を監視するという名目で、軍艦「浪速」（東郷平八郎艦長）や「高千穂」を数か月ハワイへ派遣したからである。併合への動きに対する内外の反発を懸念したクリーブランド大統領は、とりあえず問題を棚上げにしたが、マハンの熱烈な信奉者だったセオドア・ルーズベルト海軍次官は、ハワイ併合の推進役を果す。

彼は一八九七年五月、マハンに宛てて「極秘だが、貴見に全面賛成する。ハワイを明日にでも併合したい。困難ならせめて保護領にすべきだ。大統領の優柔さは犯罪的とすら思える。日本がイギリスに注文した新型戦艦二隻が本国へ回航される前に併合を実現すべきだ」[5]と書き送っている。

この動きに対抗するかのように、日本は四月に再び軍艦「浪速」（黒岡帯刀艦長）をハワイへ派遣した。二月にルーズベルトは海軍大学のスタッフへ「日本がハワイを要求する場合、わが国が介入するに必要な兵力如何？」という「特別課題」の研究を命じた。それは後述のオレンジ・プランに先きだつ「最初の対日戦計画」[6]と言える。

大西洋を主舞台とする対英、対スペイン戦の検討を進めていた米海軍大学は三番目の仮想敵である日本にどう対応するか、とまどったらしい。それでもハワイを占拠したのち大西洋から艦隊をまわし来攻する日本艦隊を迎撃する、海軍根拠地を持たぬ日本が米西岸まで来るのはありえないとする報告を提出した。[7]マハン流の艦隊決戦にこだわるル次官は防勢に立つ姿勢が不満で何度か注文をつけ討議を重ねたが、「太平洋の米海軍は装甲巡洋艦と水雷艇が日本海軍より劣勢なので決戦は無理だ」[8]と説得されてしまう。

そうした空気を反映したのか、少し前にハミルトン大尉の名でサンフランシスコ・エキザミナー紙に掲載され、『都新聞』に訳出された「日米の開戦」と題した架空戦記は興味深い筋書になっている。開戦は三年後の九七年十一月に設定され、日清戦争の戦利品である定遠、鎮遠をふくむ日本艦隊はハワイを占領したのち米西岸へ来襲、米艦隊を撃破して山県有朋を総司令官とする五万余の陸軍がサンフランシスコを占領する。

しかしそこで終らせては芸がないと考えたのか、米軍の反撃が成功してハワイを回復したのち三十二万余の米軍が日本本土を占領する結末にしてある。「日本で活字になった最初の日米戦テーマかもしれない」(9)と評した横田順彌の観察に私も同意したい。

ともあれ米海軍が日本の海軍力を追い越したのは一九〇一年、大統領に就任したルーズベルトの海軍拡張策が進捗した日露戦争（一九〇四—〇五）の前後である。そうした実情を日本海軍も意識していたであろうことは、他ならぬ「浪速」（三七〇〇トン）の東郷平八郎艦長（のち元帥）の次のような回想談で知れる。

東郷平八郎

　我国に於て太平洋の「ジブラルター」とも云うべき布哇《ハワイ》の価値を云々する人は殆んど無かったようで……若しも当時の我が国民にして、今日の如き関心を有していたならば、鉄骨木皮級の微々たる当時の米国海軍力に対し、最新鋭艦の浪速、高千穂の如き高速巡洋艦を有する堂々たる我が海軍力を背景とし、且《か》つ当時に於ける米国の脆弱なる国際的立場を考慮に入れ、英国を適当に利用したならば、布哇をして少くとも中立国位に存置せしむることは、敢て困難ではなかったろうと、当時を追憶する毎《ごと》に返す〳〵も惜しい(10)（傍点は秦）。

昭和初年に海軍艦隊派の総帥として対米強硬論を主唱した加藤寛治大将に同調した東郷らしい所感だが、彼が歎じた世論はそれほど低調だったのか、こんどはハワイをめぐる日米の緊張関係を日本側から眺めてみよう。

ハワイの「浪速」艦

日本とハワイの縁は、「（明治）元年者」と呼ばれた米人経営の「さとうきび」農園への出稼ぎ渡航に始まる。その後も渡航者（移民）は急増し、一九〇〇年には全人口約一五万人の四〇％（六万人）、アメリカ人の一〇倍以上に達した。ハワイ大学のジョン・ステファン教授は「日本は、いつの日かハワイが日本の保護下に入ることを望んでいたのだろうか」と問を投げかけ、「表明された〈希望〉と実際の〈行動〉の間には食い違いがある」として数例をあげる。(11)

それは一八七一年に日本とハワイ王国の間に友好通商条約が結ばれたあと、ハワイの企業家グループが労働力を投入して植民地を作る案を持ちこんだが、日本政府が無視したことに始まる。ついで明治十四年（一八八一）に訪日したカラカウア王がひそかに明治天皇と会見したさい、アジア諸国の連盟を結成、「（明治）陛下進み之れが盟主たらざるべからず、予は陛下に臣事して大に力を致さん[12]」と申しでる。

さらに当時は海軍兵学校生徒で接伴役をつとめた依仁親王をカピオラニ王女（後継女王の予定者）の婿に迎えたいと申し入れたが、いずれも丁重に謝絶された。この縁談が成立していれば、王の随員が記したように「ハワイは日本の属国になっていたことだろう[13]」かは別として、一八七三年に駐日アメリカ公使が国務長官へハワイ王朝が日本への併合を希望した場合にどうすれば良いかと問い合わせたぐらいで、日本の野心を警戒する気分はつづく。[14]

しかし条約改正、朝鮮半島への進出、日清戦争、ついでロシアとの対決へと向っていた日本政府には、アメリカとハワイを争奪する余裕はなかった。

一八九〇年前後に輩出して人気を集めた東海散士（柴四朗）、矢野龍渓、末広鉄腸らの政治小説や菅沼貞風、田口卯吉、渡辺修二郎らの南進論も東南アジアやインド洋方面を「新日本の好版図」（菅沼）と見なしてはいたが、なぜかハワイ進出を説いた論者は見当らない。[15]

だが名曲「アロハオエ」の作者でもあるハワイ王朝最後の女王リリオカラニが一八九三年一月、米人ドールらの陰謀によって廃位させられた事件は、一部日本人の憤慨と同情を刺激した。在米の愛国同盟会菅原伝（のちに代議士）、井上敬次郎（のち実業家）らは日本人移民の参政権獲得を当面の目標としていたが、「今や米国は将《まさ》に同島を併呑せんとし其危機……日本百年の大計にも影響……」(16)という檄文を日本の新聞に掲載した。

現地の王朝復活派や日本人会と結んだ彼らの活動ぶりは不明だが、ワシントンの日本公使はハワイ併合を狙う日本人の動きが噂になっていることを国務長官が気にしているので、方針を示してくれと外務大臣に要請している。(17)

出先の公使にただされるまでもなく、翌年の日清戦争を控えた陸奥宗光外相は慎重だった。軍艦「浪速」をハワイへ派遣（二月二十三日到着）するに当り、現地の藤井総領事へ「布哇国が独立国として存在することを希望すと雖《いえ》ども……米国に合同する場合に於ても貴官は其国の内事に干渉を為すべからず」(18)と釘を刺している。

ハワイ人は「浪速」の到着を「日本による王政派への支援とみなして熱狂的に歓迎」したが、東郷平八郎艦長は乗員に軽挙妄動を戒める一方、「決行する場合に至っては……断乎として進むべきに進み……」(19)と訓示し、情勢の推移を見守っていた。仮政府大統領への礼砲を拒んだり、独断で指揮下の「金剛」艦を各島巡航に向けたり、王党派の代表四人を艦上に迎えたりするなど、米側の疑心を招きかねない動きは見せたものの、好機至らずと判断してか訓令の線は守り抜く。

このときは米政府が併合問題を一時的に凍結したこともあり、日本政府は慎重一方で通すが、三年後に再燃したときは日清戦争に勝利した自信も影響してか、一味ちがう対応となった。この間に日本人移民はさらに増加していたが、一八九七年二月、仮政府が新規移民の上陸を拒否した事件が火種になり、四月に日本は再び「浪速」をハワイへ送った。

時の大隈重信外相は米国内でハワイ合併の動きが加速する情勢を見て、駐米公使の星亨を通じ移民に対する処置に抗議するとともに、合併反対の意向を伝達した。星の反応は一段と強硬で、六月十七日付の電報で「移民問題を口実として、直ちに強力な艦隊を送り、ハワイを占領すべし」[20]との意見を上申、廟議決定を求めた。「示威の区域を超え日米両国間兵火相見るの不幸」もありうるが、それ以外に合併を未然に防ぐ法はないというのである。

ところが出し抜くような形で前日に米大統領は米布併合条約を裁可し、上院へ送ってしまう（一年後に批准）。さすがの大隈も「これが採用を計るは時既に遅し。……合併に反対するは、外交談判の範囲内に止め」るしかないと宥めたが、米人新聞記者には「私は何故にアメリカがハワイを領しようとするのかを解することが出来ない……明かにアメリカの過失である」[21]とあからさまに批判の辞を述べている。

だが東郷や加藤の回想が示唆するように、関係者、なかでも海軍軍人たちの内心に残した挫折感は浅くなかった。星公使が戦争を辞さない覚悟でハワイ占領を進言した直後、帰路についた「浪速」の艦上で日本政府の「弱腰」に愛想をつかした便乗の外交官が自殺を試みた。

このエピソードに注目したジョン・ステファンは「日米間の最初の深刻な摩擦《フリクション》の舞台」[22]と評している。

数年後に世界最大の陸軍国を相手どる日露戦争を控えていた日本にとって、太平洋正面でアメリカと対決する余裕はなかったはずだが、陸奥外相も大隈外相も「虚勢」は承知の上で、海軍力を誇示する強気の外交姿勢は崩していない。

アメリカもロシアの太平洋進出を阻止するために、新興日本の軍事力を利用する観点を忘れていなかった。だがルーズベルト大統領の仲介で日本が日露戦争に勝利したのを境に、日米をめぐる環境条件は変った。両国は構造的な仮想敵同士の関係へ転移したのである。

日露戦争から帝国国防方針へ

大戦争が終る前から次の対戦国を気軽に予告する人が出てくるのは、決して珍らしい現象ではない。たとえば第二次大戦末期にドイツと日本が倒れたあと、パーティーの席などで次に到来するのは米ソ戦だと半ば公然と語りあう風景が世界のあちこちで目撃された。「床屋政談」をふくめたこの種の予言や陰謀論で組み合わせの当り外れは避けられないが、後世に伝わるのは当った場合、それも記録が残ったときに限られる傾向がある。

では在日三〇年、日本に近代医学を導入した事績で知られるドイツ人エドウィン・ベルツ博士による次のような予言をどう評価するか。彼が日記に書き入れたのは日露開戦から半年後、勝敗の行方が見通せない一九〇四年九月十九日であった。

日本が大勝利を収めた暁において、日本と摩擦を生ずる第一の国は米国である。それは、両国共に太平洋を目ざしているからだ。米国の一海軍士官も、まったく同じ意見だった。しかしながら、この危険も事実、今のところでは、まだ当分のあいだ存在しない。いずれにせよ日本は、戦争が済めば、大いに疲弊しているため、その回復に数十年を要する。それに金だ[23]！

外交や軍事ではアマチュアにすぎないベルツの予言が的中したと見るかどうかは判じにくいが、当のルーズベルト大統領も、もう少し早い一九〇四年三月に友人への手紙で「もし日本が勝てば、それは必ずや日本とわれらとの将来における闘争を意味するかもしれないことを私は十分に気づいている[24]」と書いていた。

そしてこのような観点から彼は日露の双方が消耗しながら、一方が倒れることなく戦後も依然として並立し抗争する形が望ましいとの立場で、日露講和の仲介に乗りだす。したがってポーツマス会議ではむしろ日本の要求（賠償金）を抑え、ロシアの戦後再建を容易にする線で条約をまとめるのに成功し、ノーベル平和賞をもらった。賠償金を日本が海軍拡張に使い、フィリピンを脅かされては困ると考えた大統領の陰謀ではないかという風評も流れた、と一海軍士官はのちに回想する[25]。

もっとも日本はその種の駆け引きが国際政治ではありふれた現象だと割り切り、それなりの対抗策を講じた。アメリカとはタフト・桂協定（一九〇五）を結んで朝鮮とフィリピンの相互不可侵を認めあい、ロシアとは満州の勢力圏を分割する数次の日露協商を成立させ、アメリカ資本の割りこみを共同で阻止する態勢を築く。

第二次桂内閣の政綱（一九〇八年七月十四日）は、「英国との同盟は益々これを確実にし、日仏、日露の協商は、力《つと》めて之を維持し、独・伊・墺等に対しては旧来の親交を暖め」るとともに、対米協調をめざす外交目標をかかげている。いささか八方美人風の美辞を並べたてた感もあるが、どこにも敵を作らないという環境条件を作りあげた日本外交の手際は見事だったと評してよいだろう(26)。

しかし不安材料がないわけではなかった。政綱が一方で「我が東洋の一小後進として、寧ろ可憐視したる欧州列強は歎美につぐ猜疑を以てし……」と述べたように、日本帝国の急速な勃興に対し、「新黄禍論」に代表される警戒感情が列強の間に広がりつつあった。

それをかわすにはベルツが期待したように、戦争で疲弊した民力を休養させ、しばらく対外膨張策を休止するのが適切であったろう。しかし戦勝がもたらした大国意識に浮かれた一部の日本国民は、膨張策を当然の前提として、北進か南進かを論じあっていた。戦勝で発言力を高めた陸海軍も加わり、戦後の軍備拡張を正当化する口実として陸軍は朝鮮半島を経て中国大陸へ向う北進論、海軍は南方海洋への発展をめざす南進論を支持した。

政軍を統合した国家戦略の欠如と陸海軍の不統一を憂慮した陸軍の長老山県元帥の首唱で、参謀本部と海軍軍令部は討議を重ね一九〇七年四月、「帝国国防方針」が天皇の裁可を得て制定された。内容は一部の高級将校しか知らない極秘扱いで、内閣との事前協議はなく、制定後に内覧を許された西園寺首相は陸海軍備の拡張に必要な財政負担の大きさに驚き、「願クバ暫ク仮スニ時ヲ以テシ国力ト相俟《まち》テ緩急ヲ」と奉答した。(27)

帝国国防方針の核心は、想定(仮想)敵国と所要兵力量を定めた点にあった。前者で陸軍はロシア、海軍はアメリカを主敵と仮想し、それに見合う兵力量を算定したのだが、歴代内閣は大正中期まで「先帝の遺志」を振りかざし、所要兵力量の早急な達成を迫る軍部の圧力に悩まされる。

列強の多くが陸主海従(ロシア、ドイツ、フランス等)か海主陸従(イギリス、アメリカ等)のいずれかを選択していたのに対し、日本は軽重の順をつけられず、陸軍は平時25個、戦時50個師団、海軍は戦艦8隻、巡洋戦艦8隻を基幹とする八・八艦隊への拡張を目標にすえた。いずれも日露戦争終結時の二倍近い倍率である。

こんな無理が平然とまかり通ったのは、陸海均等を意味する「両翼両輪主義」に由来するが、陸海の仮想敵国が多分に予算獲得を意識しての観念的対象にすぎないからでもあった。陸軍の場合はロシアの復讐戦に備えてというのが名分だったが、数年内に協商関係を結んだので、その可能性は急速に薄らぎ韓国併合（一九一〇）の結果、新版図の防衛に必要だとして二個師団の増設を政府へ迫った。

海軍は陸軍の陸主海従的思想に反発はしたが、マハン理論を援用して西太平洋の制海権を確保するのを任務とするものの、仮想敵国を明確にしえない弱味があった。

そこで海上武力は「仏独米其他諸国に共通する国際的威力」[28]（佐藤鉄太郎）になると理論づけて、大海軍の建設に着手したアメリカをさしあたりの仮想敵にはめこんでおいたのである。

だが一九〇六年から翌年にかけて起きたカリフォルニア州の日系移民に対する排斥問題に端を発した、いわゆる第一次日米危機は転機となる。

第一次日米危機とオレンジ計画

この危機の本質は後からふり返ると局地的な労働問題にすぎず、日本移民の数的制限を両国政府が「紳士協定」の形式で合意すると鎮静した。しかしその過程で、ハースト系の黄色新聞（yellow papers）を中心に日米対立を煽る言説が世界的規模で横行した。多くは実体の乏しい虚構の産物で、責任者は煽動家、警世家（アラーミスト）、デマゴーグ、好奇的空想作家、悲観的な文明批評家、時流に乗ったアマチュアの軍事評論家などと呼ばれる人たちの一群であった。

なかでも人気を集めた主題は、日米もし戦えばと仮想しての論評や架空戦記で、前者ではおそらく一九〇六年十一月にパリのル・マタン紙が「太平洋の戦争」の見出しをつけた論評が第一号だろう。日本が近くアメリカと開戦し、フィリピンから米本土西岸まで侵攻するだろうと予告したのである。

つづいて、アメリカの新聞に米西戦争のサンチャゴ閉塞作戦で国民的英雄となったホブソン予備海軍大佐（下院議員）の談話が出た。彼は最近日本が送った最後通牒を見たと読者を驚かせたあと「もし明日にでも戦争となれば、日本はわれわれを太平洋で簡単に撃滅し……フィリピン、ハワイを占領できる」と予告、すでにハワイの砂糖きび園に

は旅団編成の日本軍が好機を待っている、と語った。(29)

かつて筆一本で米西戦争をひき起したとされるハースト系の黄色紙は、さらに輪をかけた扇情的な反日記事を次々に掲載し騒ぎになったので、林外相は青木駐米大使へ「絶対的に無根なることを一般に確信せしむるの手段を執らるべし(30)」と訓令している。

マスコミを主体とするこの種の空騒ぎは、「戦争騒ぎ」（ウォー・スケア）と呼ばれているが、それが頂点に達したのはルーズベルト大統領が断行した白塗りの戦艦一六隻などによる「史上最大の艦隊」（ホワイト・フリート）の世界周航であった。艦隊は米東岸を発して南米をまわり米西岸を経て一九〇八年十月、日本に立ち寄るがウォー・スケアも随伴して世界を一周することになる。

戦争煽動者《ウォー・モンガー》たちは艦隊の出航前から狂ったように騒ぎ始め、マンニー予備海軍少将は大統領へ「日本は戦艦部隊を大西洋に派遣し、米艦隊が太平洋から引き返してくるまで、米東岸を攻撃してまわるだろう」という大意の意見書を送り計画中止を求めるかと思えば、ニューヨーク・サン紙は「いよいよ米海軍は日本と戦うために太平洋へ向った」と書きたてた。

出航すると世界各地の日本公館からは、ウォー・スケアの氾濫を告げる報告が次々に外務省へ届く。スペインからは、米西戦争の仇討ちのため日本軍へ志願したいという申し入れが来るぐあいなので、戦費はスペインで調達すべきだと進言するし、イタリア国王が日本公使を引見して「日米戦争のときは、東郷大将が指揮するのか」と下問したたぐいである。

マゼラン海峡の出口で日米両艦隊の決戦が始まったとか、ペルーが日本にガラパゴス諸島を提供したというデマが流れると、米艦隊も疑心暗鬼になったらしい。深夜に非常呼集をかけたり(見張員の誤認)、一隻を二千カイリ先行させ、偵察に当らせたりした。

事態を憂慮しつつ見守っていた日本は、予定していた海軍大演習を延期し、政府や市民は異常な熱意で米艦隊を歓迎する。スペリー司令長官は天皇に謁見を許され、さらに特別の勅語を受けた。日本海軍が主催した園遊会で東郷提督を取り囲んだ若い米士官のなかには、のちに太平洋戦争で日本海軍と戦ったニミッツやハルゼーの姿もあった。雑誌『太陽』は「いくら深い疑惑でも之では釈然氷解せずにはおられまい……日本国民が米国五〇年来の恩誼に対する感激の情が一時に溢れ出たのである」と書いた。

米艦隊の日本訪問は、日米危機の解消に予想以上の大きな効果をあげ、駐日イギリス大使は「馬鹿げた戦争の噂はまったく消え失せた」と報告した。米海軍の圧倒的優越を誇示しつつ、日米の友好を再確認しようとしたルーズベルトの賭けは成功したかに見える。[31]この心理的好機をとらえて日本は高平・ルート協定を結び第一次日米危機を収束させたが、おたがいに仮想敵国と公定した以上、折に触れて日米危機説や好奇的な未来戦記が登場する現象は防げなかった。

帝国国防方針に対応するアメリカの戦争計画は、対象国を色別の符号で示したので、カラー・プランと呼ばれた。たとえばブラック＝ドイツ、レッド＝イギリス、オレンジ＝日本、クリムゾン＝カナダ、グリーン＝メキシコ、イエロー＝中国というぐあいで、日英同盟に対応するレッド＝オレンジなど、可能性が少しでもある対象国をすべて網羅しているのが特徴といえる。

もっとも可能性の低い国の場合は形式的な紙上計画にとどまり、陸海軍のプランナーたちが真剣に取り組んだのはイギリス、ドイツ、日本ぐらいだった。なかでも二十世紀初頭に主敵と意識されたのはドイツ海軍で、第一次日米危機の頃も英海軍に次ぐ世界第二位の戦艦一九隻を保有し、第五位にあった日本の七隻をはるかに引きはなしていた。そのため米海軍の主力は大西洋に常駐し、太平洋には旧式装甲巡洋艦数隻からなる劣勢のアジア艦隊が、防備不完全なフィリピンに配備されていただけであった。

陸海軍統合会議（Joint Board）は戦艦を両洋に二分するよう提案したが、艦隊の集中運用を重視したマハン理論を信奉する大統領は承知せず、むしろフィリピンの放棄に傾いた。

『オレンジ計画』の著者エドワード・ミラーによると、オレンジ・プランが最初に作成されたのは一九〇四年とされるが、第一次大戦でドイツが敗北し、パナマ運河が開通するまでは裏付けの乏しい紙上計画に近かった。ひとつには両洋艦隊を持たぬ限り、日本の攻勢からフィリピンを防衛する成算が立たず、かと言って放棄にも踏み切れぬジレンマが解決できなかったからでもある。(32)

日米未来戦記の勝敗

「ところは琉球の南方！　日は八月の中旬すぎ……勝ちほこりたる敵軍は、おのが味方の溺者を救助したるまま高く凱歌をあげて西方に向い去った……ああ日本艦隊全滅の海……永世この恨みはつきない」

引用したのは一九一四年（大正三年）に「一中佐」の匿名で、水野広徳海軍中佐が刊行した『次の一戦』の結末部分である。水野は日本海海戦の実戦記である『此一戦』を書いて有名になった。彼は大佐で海軍を退いたのちリベラルな軍事評論家に転身するが、『次の一戦』を書いた頃は現役の海軍中佐だった。

匿名の小説とはいえ、日米艦隊決戦で日本海軍が全滅するストーリーを書いて処罰もされなかった。不審に思う人もいようが、実はこの筋立てには秘められた意図があった。「もし、議会が海軍予算をつけてくれないと、劣勢の日本艦隊はフィリピン東方洋上の決戦で全滅するが、それでも良いのか」

八・八艦隊の実現を推進する海軍の意を汲んだ水野は、あえてこうした筋立てにすることで読者の憂国の情を刺激し、世論の支持を集めようと狙ったのである。前後して、水野の作品と同工異曲の日米未来戦記が続々と市場に登場した。

そのなかから影響力が大きかった代表作をえらぶと、三種類の邦訳が刊行されたホーマー・リーの『日米必戦論』（原書名は *The Valor of Ignorance*, 1909）、迫真力がありすぎて機密漏れかと騒がれた英人バイウォーターの『太平洋戦争』（*The Great Pacific War*, 1925）、発売から一年半で六八版を重ねた池崎忠孝の『米国怖るるに足らず』（一九二九）あたりだろうか。

作者が日本人の場合は、水野を別として例外なく日本が勝つと予告し、外国人の場合は半々というところで、リーは東郷の艦隊に援護された乃木のひきいる日本の遠征軍がカリフォルニア州に上陸してロッキー山脈へ向うという予想。バイウォーターはヤップ島沖の艦隊決戦で日本が敗れて、屈辱的和平を乞う筋立てになっていた。

いずれにせよ、緒戦期は日本が優勢で、フィリピンやグアムを占領するところまでは共通していた。その後の展開は作品により多様だが、勝敗にかかわらず、太平洋上の日米艦隊決戦ほど読者を興奮させる魅力的なテーマは稀であったろう。(33)

何よりも舞台仕掛けが壮大である。大小無数の島々が散らばる世界最大の海洋——その太平洋を将棋盤に見立てれば、洋上を疾駆する駒の布陣も華麗をきわめる。王将が戦艦、飛車は巡洋戦艦とすれば、角行は航空母艦、金、銀は重軽巡洋艦というところか。吹けば飛ぶような小艦でも、肉薄して必殺の魚雷を打ちこめば戦艦も倒せる駆逐艦は、さしずめ成りこんで金、銀並みの威力を発揮する歩に相当しよう。

太平洋戦争中、連合艦隊旗艦「大和」艦上の山本五十六は、夕食が終ると従兵に「兵棋盤を持ってこい」と命じ、若手の参謀を相手に早打ちの三番将棋を欠かさず、「将棋がうまくないと、日米戦には勝てんぞ」を口ぐせにしていたという。

将棋に定跡があるように、未来戦記や実戦を想定した兵棋演習にも定型が生れてくる。

ホーマー・リーやバイウォーターを愛読した少壮士官が、やがて作戦参謀として年度計画を立案し、海軍大学の教官として海上戦術を教え、艦隊長官に出世して演習を統裁するようになると、夢と現実の見境がつきにくくなってしまう。事情は米海軍も似たりよったりであったろう。

最近になって史家の間では日米が戦わねばならぬ必然性があったのか、と疑問を呈する人がふえてきた。もっともな疑問で、私も内外のプロとアマが寄ってたかって三十年近くも太平洋戦略の空想ゲームに熱中しているうち、本物の戦争にしてしまったのではないかと疑っている。

日露戦争後から太平洋戦争直前に至る日米の基本戦略も、こうした不断の研究と演練の蓄積によって、いつしか伝統的戦略と呼ばれるにふさわしい定型が形成された。すなわちアメリカの渡洋進攻戦略と日本の迎撃戦略である。

必らずしも厳密な理論的根拠があったわけではないが、米海軍は渡洋進攻のためには対日十五〜十六割の優越を不可欠と考え、日本海軍は同じく迎撃作戦で敗れないためには、最低限で対米七割比率が必要だと計算していた。

第一次大戦後に米の仮想敵国は三大海軍国に昇格した日本に絞られたが、ワシントン軍縮条約（一九二二）で対米六割（対米英連合では三割）に押えこまれた日本海軍内部には不満の思いが渦巻いた。

ワシントン会議の産物は海軍の軍縮だけではなかった。日英同盟が廃棄され、太平洋地域の現状維持を定めた四国条約と中国の領土保全を共同で保障する九か国条約が締結された。それを日本の中国進出を阻止しようとする英米の陰謀と受けとった陸軍や右翼は、激しく反発する。海軍のなかにも、のちの日米開戦にさいし最強硬派となる石川信吾のように「中国への米の野心を推進するために綿密に計画された大戦略(34)」と論じる人がいた。

堂上華族の筆頭で昭和十年代に三度、首相となる近衛文麿もベルサイユ会議へ出席するさい、「英米本位の平和主義を排す」と題した論文を発表、英米がリードし国際協調の名目で日本が三番手として追随する形のベルサイユ＝ワシントン体制への不満を表明した。それは世代感覚の差とも言えよう。

幕末維新の危地を「海外各国虎狼百万」（岩倉具視）の思いで切り抜けた元老クラスが、望外の出世として満足していたのに対し、物心ついた頃には大国気分を味わっていた近衛たちの世代には、英米を凌ぐ国際的地位を望むのは当然と考える気分があった。

それは昭和期に入って、やはりベルサイユ体制の打破を叫ぶヒトラーのドイツやムッソリーニのイタリアと手を結ぶ心理的契機となる。

肥大した日本ナショナリズム

一九二四年、アメリカ議会が成立させた排日移民法（日本人移民の全面禁止）は、こうした国民の自負心を傷つけ、各地で排米国民運動が盛りあがる。十数年前の移民排斥時とはがらりと様相が変った。東京の国技館で開催された国民大会は発起人三六〇人、聴衆八万人（？）と呼号され、会場は異常な殺気に包まれ、「宣戦を布告しろ」とどなる青年もいた。

このときの演説速記はまもなく一冊にまとめられ出版されたが、なかでももっとも激烈な言辞を吐いたのは「日本国民の覚悟」と題した上杉慎吉東大教授で、「米国との戦争は避くべからざる必至の運命」であるから「有色人種の先頭に立って一大義戦」を起こすべきで、勝利は望めなくても「必敗といえどもまた戦わざるべからず[35]」と結んでいる。

別の著書でも上杉は扇情的な筆致で、「米の手によりて山東を奪回せられ、また満蒙よりすらも逐《お》い出されんとしつつあり、シベリアよりも駆逐せられてしまったのみならず、大正十年十一月ワシントンにおいて日本軍艦十数隻が撃沈せられたのである」(36)と書いた。

上杉の論旨は単なる被害妄想を越えて、むしろ陰謀史観の一典型ともいえる一方的な見方だが、単純明快であるだけに、それなりの説得力を持つ。まず複数の大国がせめぎあう国際政治の現実を無視して、主謀者をほぼアメリカに特定している。

次に第一次大戦で列強が死闘をくり返している間に日本は、満蒙、山東省ばかりでなくシベリア、ミクロネシア（南洋群島）までかつてない規模とテンポの対外膨張を果した。それを「火事場泥棒」と見たてた列強が巻き返しをはかったのは事実だ。

しかし山東の返還は中国の要求、シベリアからの撤兵は、帝政ロシアを倒した共産主義国家ソ連のゲリラ的抵抗に手を焼いたためで、米、英、仏なども同様だったことを見落した議論であろう。

軍艦十数隻の「撃沈」と称するのは、海軍軍縮条約で各国とも建造中の軍艦を廃棄したのをこじつけたものだが、対米六割比率に痛憤して鼻血を出したと伝えられる加藤寛治中将は共感したにちがいない。その加藤は一九二六年、皇族の集まる講話会でアメリカにハワイ併合を許したのは「万死の罪」に値すると追懐したあと、「両雄並び立たず……今後の一世紀に太平洋の適者として生存」できるのはいずれの国だろうかと問いかけた。[37]

一九三〇年、補助艦の対米英比率を定めたロンドン海軍軍縮条約の締結をめぐり、日本海軍の部内は山梨勝之進海軍次官らの軍縮派と加藤軍令部長らの艦隊派に割れた。陸軍は世界恐慌がもたらした経済不況からの脱出をめざし、満州事変をひきおこす。陰謀のプランナーだった石原莞爾中佐（関東軍参謀）は満州の獲得を正当化するため、日本とアメリカが戦う世界最終戦争のプログラムを作りあげる。

ロシア（ついでソ連）を仮想敵としてきた陸軍にとっては想定外の着想ではあったが、陸海軍で分裂していた主敵がアメリカにしぼられる心理的布石となる。

ところで満州事変は関東軍の謀略で始まったが、陸軍中央部も同調し、それに引きずられた若槻内閣も既成事実を追認していく。半年後には現地人政治家を立てたカイライ政権の満州国が誕生した。

ジュネーブの国際連盟で日本代表はくり返し「不拡大」を約束したが守られなかったことで列国の不信を買い、一九三三年に総会が日本の行動を否認すると、内田康哉外相の「焦土外交」を支持する世論に押された政府は連盟脱退に踏みきる。

こうして日本は連盟を軸とするベルサイユ体制を離脱し、国際的孤立の道を歩むことになったが、もっとも警戒したアメリカの反発は予期したほどではなかった。スチムソン国務長官は国際協調を標榜する幣原喜重郎外相に期待して最初は静観の構えをとったが、やがて「狂犬のような軍部」(一九三一年十一月二十九日のスチムソン日記)が主導権を握っていると覚り、ボイコットや武器禁輸などの経済制裁によって日本の行動を阻止しようと考えた。

しかし国内不況の始末に追われ、イギリス、ソ連など他の列強が同調しそうもないと見たフーバー大統領は、スチムソンの強硬策を拒否した。その結果、三二年一月七日付で中国に対する米の伝統的政策や既存の条約を「侵害するものはこれを承認する意思のない」ことを声明するにとどめた。「不承認原則」(Non-Recognition Doctrine) またはスチムソン・ドクトリンとも呼ばれる。

すでに一九一五年、日本の対中国二十一か条要求に対し、やはり国務長官の名で不承認を表明したブライアン声明の先例があった。好ましくない事態に対し、さしあたり実力による阻止行動はとらないが、いずれ機を見て発動する可能性を留保するアメリカ独特の外交手法といえよう。それから五年後、日中戦争の開始直後にもフランクリン・ルーズベルト大統領（一九三三―四五年在任）は、同じ主旨の「隔離演説」（Quarantine Speech）で日本の行動に対する不承認を表明している。

一九四一年十一月、ハル・ノートを通告された日本は、それが満州事変から一〇年にわたる既成事実の全面放棄を要求する理不尽なものと受けとめ、「目のくらむばかりの思い(38)」（東郷茂徳外相）で対米開戦を決意した。日本側としては当然の反応だろうが、米側としても満州事変以後の日本の行動は「不承認」と公言してきたので、たまったツケの一挙清算を求めたにすぎないとの言い分になる。

しかし現実主義的なイギリスに比し、アメリカ外交にこうした原理主義的、教条的傾向が強いことは、日本の外交当局者は承知していたはずともいえる。また孤立主義の傾向がある共和党と、国際主義の民主党で対日政策に濃淡の差が見られることも周知の事実ではあった。それにしても、宣戦と条約締結権は上院が握っていたものの、強力な権限を持った大統領の個人的世界観や好悪の情も無視できない要素ではある。

日本膨張の「百年計画」

それでは今や「偉大な大統領」としての歴史的評価が定まった観のあるフランクリ

ン・デラノ・ルーズベルト（民主党）の極東観、日本観はどうだったのか。

彼の友人や歴史家たちの多くが一致して指摘するのは、彼が海軍通だったことと中国びいきだった点であろう。若い頃から従兄のセオドア・ルーズベルトを通じマハンと親しくなったフランクリンは一九一三年から七年間、海軍次官をつとめ、日本を筆頭の仮想敵国とするオレンジ・プランの立案にも関わった。

中国びいきは、母の実家であるデラノ家が中国との貿易で巨富を得たという家族的背景が原因とされる。なかにはアヘンで儲けた原罪意識が親中国、反日感情を生んだとする見解もあるが、ルーズベルトがスチムソンの不承認政策を支持したのは「彼と同じ考え方をするからであり、先祖のせいではない」[39]と、バーバラ・タックマンは反論する。

友人のサムナー・ウエルズ（国務次官）も「彼は生れつきの地理感覚にすぐれ、極東情勢を地政学的観点から把握し、スチムソンと全く一致する対日政策をとった」[40]と述べている。

共和党のスチムソンは民主党政権に替ったので国務長官から退き、コーデル・ハルに代ったが、一九四〇年ルーズベルトの要請で陸軍長官の要職に起用され第二次大戦の終結まで戦争指導の中枢を占めた。原爆の投下目標から京都を外したことでも知られる。

ルーズベルトは回想録を残さなかったため彼自身の対日観を知る手がかりは少ないが、スチムソンの日記と伝記に出てくる興味深いエピソードがある。時は一九三四年五月十七日、大統領の呼び出しで昼食を共にしつつ極東問題全般にわたる意見交換のあと、ルーズベルトは「一九〇二年、私がハーバード大学の学生時代に若い日本人学生から聞いた話を君にしゃべったことがあったかね」と切り出し、スチムソンが「ノー」と答えると、次のような思い出を語った。(41)

上流サムライ階級の一員であるこの学生は一八八九年に作成された日本帝国の、一〇段階に分けた膨張の百年計画（one hundred year Japanese plan）なるものを話してくれた。それは、

1清国との戦争（一八九四年）
2朝鮮の併合（一九一〇年）
3ロシアとの防衛戦争（一九〇四年）
4満州の占領（一九三一年）
5熱河省の占領（一九三三年）

6長城から揚子江に至る中国北半を実質的に日本の保護領へ（一九三七年）
7モンゴルからチベットまでを日本の影響下に置き、ロシアとインドの脅威に備える（一九四二年）
8ハワイをふくむ太平洋の全島嶼を獲得
9最終的にオーストラリアとニュージーランドを獲得
10（よく覚えていないが）全黄色人種を糾合してヨーロッパに対抗する
のようなもので、フランクリンが日本はアメリカをどう処理する予定かと聞くと、メキシコ、ペルーに拠点を確保するだけだから米国は心配不要、と答えたという。

なおカッコ内は便宜上ほぼ目標を実現した年次で、第7段階までは悪名高い田中上奏文と似通っている。未来の大統領が熱心に聞き入った一九〇二年の時点では第1段階が終り第2、第3段階が想定の範囲に見えていた。日露戦争後は、少なからぬ数の警世家（アラーミスト）の間で第4段階以降の論議が浮上する。

既述の第一次日米危機をアメリカで実感した朝河貫一（エール大学教授）は、一九〇九年に刊行した著書『日本の禍機』で「日本が行く行くは必ず韓国を併せ、南満州を呑み、清帝国の運命を支配し、かつ手を伸べて印度《インド》を動かし、比律賓《フィリピン》および豪州を嚇かし、兼ねてあまねく東洋を威服」するだろうとの説は今や「世界の流行なり[42]」と観察、日米不戦を高唱していた。

「百年計画」の無気味なところは、日本が「東洋を威服」したあと第8段階でハワイの獲得をめざしている点にあった。米本土まで行く予定はなさそうだと聞いて、フランクリンが素直に安堵したとも思えない。

いずれにせよ、これまで日米双方の研究者がほとんど見すごしてきたため、この「百年計画」の立案者やそれを受け売り（？）した日本人学生の素姓を探索した形跡がない。田中上奏文をはるかに上まわる荒唐無稽さのゆえ、検証する前に無視ないし笑殺されてしまったのかもしれないと思いつつ、私なりに裏付け情報を探した。

まずは該当の日本人学生だが、スチムソン日記には名前が記されていない。それを突きとめたのは『ルーズベルト秘録』（二〇〇〇年）の著者の前田徹（産経新聞ワシントン支局長）である。大統領の従妹で個人秘書でもあった「ディジー」（本名はマーガレット・サッカレー）が日記に書き残した次のくだりを見つけだす[43]。

フランクリンはハーバードで知り合った名門の日本人、オトヒコ・マツカタから聞き出した日本の計画について語ったことがある……日本は徐々に満州、中国へと膨張し、シャムやインドシナをも奪おうという計画だ。

米本土までは狙っていないそうだが、これは百年の大計だそうで、私たちアングロサクソンには考えられないことだ。実際、一九〇〇年以来、その通りに事が運んでおり、日本人は計画を予定通り進めているようだ（一九三四年一月三十一日付）。

ディジーはさらにルーズベルトがこの百年計画について英国のラムゼイ・マクドナルド首相と三三年春に協議し、軍縮交渉において日本の海軍力を米英レベルに引き上げさせないことで合意していたとも記していた。

ルーズベルトと松方乙彦

では若き日のルーズベルトに誇大妄想めいた「百年計画」を吹きこんだオトヒコ・マツカタとはいかなる人物か、二人の関わりを後日談も加えて追ってみよう。

ディジーが「名門の日本人」と呼んだように松方乙彦（一八八〇―一九五二）は、大蔵大臣を経て二度にわたり首相の座についた元老松方正義公爵の息子だった。子沢山の正義には明治天皇から何人いるのかと聞かれ、「調査して後で報告いたします」と奉答したエピソードがあるが、早世者をふくめ十五男、十一女（七女説も）もいたというから、即答しかねたのもむりはない。

松方乙彦（1906年）

F. ルーズベルト

十五人の男は多士済々、多くは欧米の大学に学び名を成しているが、七男の乙彦も学習院を経て一九〇二年ハーバード大学に学んだ。一族の略史を書いたライシャワー・ハル（八男正熊の娘）によると、「乙彦はボストンやハーヴァードの社交界でもてたらしい」かわりに「派手な交際には膨大な費用がかかった。父親は乙彦の浪費を苦々しく思い、家計のほとんどを彼が乱費してしまう」とこぼしたが、母親は「いつか役に立つことをやってのけますよ」とかばったそうである。(44)

そのなかで乙彦はルーズベルト一族との縁を深める。寄宿寮で従兄に当るライマン・デラノのルームメートになり、一家と往来するうち妹のローラと一時は結婚を約束するが、両家の反対で流れてしまう。

一九〇七年に帰国して実業界に入った乙彦は日本石油、東京ガスの重役、日活の社長などを歴任、山本権兵衛の娘と結婚するが、ローラは生涯独身を通した。

ハーバードで乙彦はフランクリンと同じ格式高い学生クラブに属していたが、いつ、どんな論脈で「百年計画」を語ったのか、そもそも典拠となった「計画書」が存在したのか、起草者は誰かといった背景事情は不明である。政府や軍が関わった公式ないし非公式の文書とも思えないので、一八八九年前後に流行していた東海散士（柴四朗）、末広鉄腸、矢野龍渓、長沢説ら政治小説、冒険小説の作家あたりではないかと想像し捜索してみたが、該当者は発見できなかった。(45) 心残りだが今後の宿題としたい。

ところで若き日のルーズベルトが「百年計画」を信じたか否かは別として、かなり鮮烈な印象を受け、長く記憶にとどめていたのはたしかである。ひょっとすると、彼の深層心理にトラウマとして生きつづけた可能性も捨てきれない。しかし第3ステップの日露戦争までは筋書通りだったが、ベルサイユ＝ワシントン体制に組みこまれた日本は、その後の「野望」を断念したかに見えた。フランクリンは一九二三年、雑誌『アジア』

（*Asia*）の「我々は日本を信用すべきか」と題した論文で「日本は平和愛好国になったので、これからは共存していくべきだ」と書いていた。

少し前の一九一九年に元大統領のセオドアも、現役の頃から抱懐し、金子堅太郎に洩らしていた「アジア・モンロー主義」の論文を公表した。アメリカのモンロー主義にならって日本が「欧州のアジア侵略を制止し、諸列強の既得権を除くスエズ以東のアジア諸国の盟主となる」という要旨だった。彼はいくつかの強国が、それぞれのブロック内における後進諸国家を保護する方式での国際秩序を夢想していたようだ[46]。

この時期の両ルーズベルトは中国には冷たく、日本に対しては好意的姿勢に傾いていたと言えそうだが、それを逆転させたのは満州事変の与えた衝撃だったろう。金子堅太郎は三〇年前の古証文を持ちだして弁明に努めるが、アメリカの言論界からは反発を招いただけであった。

欧州征服に乗りだしたヒトラーの場合も「現状打破」の手法があまりにも露骨で急テンポだったことで、一部の宥和論を吹きとばしてしまう。日本もそれに近かったが、それでも国内不況を克服するニューディール政策を優先したルーズベルトは慎重だった。ひとつには彼の側近たちがスチムソンに同調し、中国への同情を強める大統領を制止し

たからでもある、と歴史家のニューマンは説明する。(47)

そうしたアメリカの内情を知ってか知らずか、日本からは日米関係の改善を進めようと次々に「親善使節」が送りこまれた。

松方乙彦もその一人だった。一九三四年一月の訪米を伝える東京朝日新聞は「中村代議士が会ったとき大統領が『乙彦君は今どうしているか。共に膝を交えてゆっくり話してみたい』と私に伝えてきた。適任だと広田外相に話し、個人の資格で十二日に出発する」という金子堅太郎談を報じている。

前田がホワイトハウス賓客名簿に当ると、松方は実業家になっていたライマンの仲介で二月十八日と二十日に大統領と会っているが、会談の内容に関する記録は残っていない。しかし二十六日付で松方がルーズベルトに書き送った手紙は「ここ数年、日本で起きたことは貴方には理解できないことばかりでしょう。例えば若い将校らによる犬養首相暗殺（五・一五事件）は大きなショックだったと察します……個人的な考えでは、ロンドン海軍軍縮会議がもう少し日本の気持ちを理解していてくれれば」とか「日本には満州併合の意図はなく……米国は中国に肩入れし過ぎで日本へ不当に厳しい」とかなり率直な意見を述べている。

ルーズベルトは、この手紙を国務省のホーンベック極東部長に廻し、内容の検討を命じたが親中派のホーンベックは、日本の侵略行為は事前に十分に準備されたものと述べ、松方を通じる個人外交は好ましくないとの所見を伝えた[48]。

約半年をすごした松方は、再会の機会を得ないまま六月に帰国するに先きだち、「両国の友好関係は崩れることはないと信じております……複雑な国際問題は、責任ある指導者同士の心を開いた話合いによって解決を計るのが一番、というあなたの意見にまったく賛成です[49]」という手紙を送っている。

その後も松方とルーズベルトの書簡を通じての交信は断続したが、大統領はそのたびに「百年計画」の行程表を想起したのであろうか。満州事変、日中戦争はぴったり第4～6ステップと符合する。それに「田中上奏文」の不吉な予告も加わって、一連の日本の行動は「百年計画に基づくものだとの確信をルーズベルトが抱いたのは間違いない」と前田徹は確信する。

乙彦とルーズベルトが交わした最後の交信は、日米開戦直前の四一年九月に大統領の母が亡くなったときの弔電に対する「親愛なるオト」で始まる礼状だったとライシャワー・ハルは書いている。

戦中の乙彦は引退して上海のフランス租界に住み、終戦まで優雅な生活を送った。近くに住んでいた犬養道子は毎日通って、一緒にシェークスピアを読んだという。

日米戦争は不可避だったのか

ルーズベルトが武力を前提とする日本との衝突が不可避らしいと思うようになるのは、日本が防共協定（一九三六）を経てドイツとの軍事同盟（一九四〇）へ進む段階からだったかと思われる。

もはや情勢は大国ブロックによる地球レベルの覇権争奪戦へ煮つまりつつあり、日本はアメリカにとって主敵ドイツの同盟者として位置づけられた。それでもブロックの組み合わせはかなり流動的だった。松岡外相は日独伊三国同盟にソ連を引き入れたユーラシア同盟によって、アメリカと対決する構想を進めていた。

そうなれば、日本の国際的地位は格段に高まったであろうが、四一年六月の独ソ戦はその夢想を打ち砕いた。米英ソ中ブロックという「持てる国連合」(have nations) 対日独伊の「持たざる国連合」(have not nations) の対決構造へ変じてしまったのである。勝敗は戦う前から決っていたともいえよう。

日本外交の失態にちがいないのに、言論統制下で限られた情報しか与えられなかった国民世論は、日本打倒を画策してできた米英（アングロサクソン）のワナにはまったと思いこむ。日米開戦を迎えて彼らは一抹の不安は感じながらも、ある種の解放感を味わう。詩人の高村光太郎は、次のような詩を詠んだ。

記憶せよ、十二月八日。
この日世界の歴史あらたまる。
アングロサクソンの主権、この日東亜の陸と海とに否定さる。

また太宰治は「私の人間は変ってしまった。強い光線を受けて、からだが透明になるような感じ。あるいは、聖霊の息吹きを受けて……日本も、けさから、ちがう日本になったのだ」と書いた。

いささか気恥しさを覚えるこの種の上ずった感想を述べた文人は少なくないが、学者のなかにも同調者はいた。たとえば『日本地政学宣言』（一九四〇）と題した著書を出し、皇道地政学を提唱した京都帝国大学の小牧実繁教授は、日米開戦のラジオ放送を聞いて、「私は遥かに陛下を伏し拝んだ。〈有り難うございます〉と心の中で泣いて号《さけ》んだ……皇道世界維新戦が始められたのである」（小牧「一九四一年の思ひ出」）と回想している。

それでも避戦のチャンスは、ぎりぎりまで残っていた。日米英開戦の瞬間に英ソはドイツとの全面戦争のさなか、アメリカも対独戦に突入する寸前だったから、日本は大国中では唯一、フリーハンドを持つ有利な位置に立っていた。

さすがに大西洋、太平洋で同時に二正面戦争に入るのをためらったルーズベルトは、当面の対日戦を回避するため暫定協定案（modus vivendi）と基礎的な一般協定案を準備した。国務省極東部が作成した最終案は、日本がさしあたり南部仏印、最終的には中国全土から撤兵するかわりに石油の対日輸出禁止を解除する、日米ソをふくむ多角的不可侵条約を結ぶ、などとなっていた。

モーゲンソー財務長官が作った私案は、アメリカも太平洋から海軍の大部分を撤退する（米海軍は反対）という点で国務省案よりは寛大であったが、国務省案を日本へ提示する前に関係各国へ内示すると、イギリス、中国などから猛烈な反対意見が届く。[50]

クリストファー・ソーンは「現在のわが外交政策の主たる目的は、アメリカを全面的に戦争へ引き入れることである」(51)と述べた英外務省幹部の発言を引用して、英外交の果した役割を重視する。真珠湾攻撃を聞いて誰よりも喜んだのが、チャーチル英首相であってもふしぎはない。

中国も日中戦争を逆転させる機会は日米戦争しかないと見きわめ、イギリスをふくむ各種のルートを使い、見捨てないでくれと泣きつく。こうした関係国の圧力で思い直してか、ルーズベルトは暫定協定の提示をとりやめた。全中国と仏印からの全面撤退を求めるハル・ノートをつきつけられた日本は、「清水の舞台から飛び降りる」（東条首相）覚悟で開戦を決意する。

対米戦の主役が海軍であることは、誰の目にも明らかだった。言い換えると、海軍が決心しないかぎり、開戦は不能といえる。ところが宿命観と比率ノイローゼに染まっていた海軍に、幸とも不幸とも言いにくい事態が起きた。一九四一年後半における主力艦の対米比率が一時的ではあるが七割強、なかでも航空母艦は一〇割強へ改善されたのである。しかも米の大建艦計画が進行中で、数年後には対米三割台へ低下すると見こまれた。いずれ戦わねばならぬのなら、今を措いて好機はないという主戦論が台頭する。

しかしそれは自信の裏付けがあっての強気でなかったことは、昭和天皇から「勝てるか」と聞かれ、「必ず勝つと奉答しかねます」（41年9月5日）という永野軍令部総長の応答で見当がつく。その前後における永野の言動を見ると、「戦うも戦わざるも亡国なら、戦って九死一生の活路を」（9月6日）とか「今なら算がある。勝敗は物心の総力で決せられる」（10月7日）とか、外科手術や大坂冬と夏の陣などのたとえ話を持ちだすなど開き直ったともとれる姿勢がめだつ。(52)

ところが、開戦第一撃は伝統戦略から逸脱した真珠湾攻撃で始まり、空母艦載機の大群に奇襲された米太平洋艦隊主力は数時間で潰滅した。誰よりも衝撃を受けたのはマハンの信奉者で自他ともに許す大海軍論者《ネーバリスト》のアメリカ大統領だったろう。

しかし二年もたたぬうちに、アメリカは立ち直った。日本が手本を示した空母中心の大機動部隊をそろえた米海軍は、ハワイを根拠に内南洋の島々とフィリピンを経由した大渡洋作戦を展開、守勢にまわって連戦連敗を重ねたあげくに焦土と化した日本の降伏で日米戦争は終わった。

日米戦争は回避可能だったのか、不可避だったのかという論点をめぐる論争は今もつづいている。そのさいによく指摘されるのは、意図疎通のすれちがい――コミュニケーション・ギャップとかパーセプション・ギャップと呼ばれる現象であった。

たとえばアメリカは資源の多くを海外に仰ぐ日本の弱点に着目して、経済制裁を段階的に強めていく手法で日本の行動を抑止しようと考えた。軍用機と部品の輸出停止（一九三八）、日米通商航海条約の廃棄（一九三九）、屑鉄の輸出禁止（一九四〇）、そして最終圧力ともいえる在米日本資産の凍結と石油禁輸（四一年夏）とエスカレートさせたが、ほとんど実効がなかった。ベトナム戦争を主導したマクナマラ国防長官のエスカレーション理論が通じなかった例に似ている。

とくに日本が南仏印へ進駐すれば、石油禁輸を発動するという事前警告が無視されたのは、米にとっては誤算だった。かえって日本側は一連の経済制裁をＡＢＣＤ（米英中蘭）包囲陣の結成と宣伝して、国民の戦意を煽りたてる。

野村実はルーズベルトが日中戦争初期の一九三七年秋に発表し、断念した対日通商禁止を断行していたら、「日本は混乱しつつも満州事変以来の行動を反省して、進路を見直すこととなった可能性も否定できない。その方が日本にとって幸運」[53]だったかもしれないと論じているが、「進むを知って退くを知らず」と昭和天皇に評された軍部が反省したかは疑問が多い。

日本の行動パターンでアメリカの不信を招いたのは、外交と軍事行動の露骨な同時進行であった。外交交渉も本気だが決裂した場合に備え、軍が並行して準備行動するのは当然だという軍人の論理は、相手方に狡猾な背信行為と猜疑されやすい。

日米交渉の最終段階で、日本の大船団が台湾海峡を南下中との情報が入った。それをスチムソン陸軍長官から聞いた大統領は、かんかんに怒って「それは全事態を変える。日本が休戦、撤兵の交渉をしながら遠征軍を仏印に送っているのは背信の証拠だ(54)」ときめつけ、暫定協定による収拾を打ち切り、ハル・ノートの発出に切りかえた。この船団は上海から海南島を経て、開戦第一日にマレー半島へ上陸した第五師団と推定される。

どうやら日本側は石油禁輸の警告時と同様に、「虎の尾を踏んだ」ことを自覚していなかったらしい。この種の国際政治における不感症は明治期の日本外交には見られない現象だったとすれば、それを取り戻させるのが勝者アメリカの占領統治における「荒療治」の目的だったと言えよう。

(1)『別冊正論』13号（二〇一〇）
(2)『太平洋戦争への道』第7巻（朝日新聞社、一九六三）、一九四一年七月二十一日の連絡会議における永野の発言（二四一ページ）、執筆者の角田順は、軍令部の「比率主義的勝算」（三二五ページ）と評す
(3)『杉山メモ―大本営・政府連絡会議等筆記』（原書房、一九六七）三三二ページ
(4) Sadao Asada, *From Mahan to Pearl Harbor*（Annapolis, 2006）p.9
(5) Roosevelt to Mahan, Letter dated May 3, 1897（*The Letters of Theodore Roosevelt*, edited by E. E. Morison, Vol.8 Cambridge, 1951）
(6) Asada op. cit. p.11
(7) Ronald Spector, *Professors of War*（Naval War College, 1977）p.p.95-96
(8) Richard W. Turk, *The Ambiguous Relationship*（Greenwood Press, 1987）p.32
(9)『都新聞』一八九五年十一月三十日―十二月十五日付に連載。横田順彌『近代日本奇想小説史』（ピラールプレス、二〇一一）四二九ページ
(10)『加藤寛治大将伝』（一九四一）二三五―三六ページ。「浪速」に少尉候補生として乗り組んでいた加藤へ、後年の東郷が語った回想談。同僚の依仁親王もやはり乗りくんでいた。なお加藤自身も類似の感想を記している（八二五―二六ページ）
(11) 前掲ステファン『日本国ハワイ』三九―四〇ページ
(12)『明治天皇紀』第五巻（吉川弘文館、一九七一）二九五ページ
(13) ドナルド・キーン『明治天皇』上（新潮社、二〇〇一）五四六ページ
(14) 吉森実行『ハワイを繞る日米関係史』（文藝春秋社、一九四三）七〇ページ
(15) 矢野暢『日本の南洋史観』（中公新書、一九七九）Ⅰ、Ⅱ章を参照
(16) 一八九三年三月七日付東京朝日新聞、菅原らは二月十五日サンフランシスコを出航、ハワイへ向った。スタンフォード大学に留学中の長沢説（別天）は、一挺のピストルと一冊のバイロン詩集を携えてホノルルへ乗りこんだという。ハワイ革命をめぐる日・米・ハワイ人の動きについては都丸

潤子「多民族社会ハワイの形成」（『国際関係論研究』7号、一九八九）を参照

(17) 一八九三年四月七日付建野駐米公使発陸奥外相宛電（『日本外交文書』第二六巻、九二二ページ）

(18) 一八九三年二月六日付外相発藤井総領事宛電（同右八八五ページ）

(19) 小笠原長生『聖将東郷平八郎伝』（改造社、一九三四）一八五—八九ページ

(20) 一八九七年六月十七日付星発外相宛電及び書信（前掲『日本外交文書』第三〇巻、九七八—八〇ページ）

(21) 『大隈侯八十五年史』第二巻（一九二六）二六五—六七ページ

(22) 前掲ステファン、四三ページ

(23) 『ベルツの日記（下）』（岩波文庫、一九七九）一八二ページ

(24) E. H Zabriskie, *American-Russian Rivalry in the Far East 1895-1914* (Univ. of Penn., 1946) p.108

(25) A. Coolidge, *The United States as a World Power* (Macmillan, 1908) p.349

(26) 秦郁彦『太平洋国際関係史』（福村出版、一九七二）一二一—一三ページ

(27) 帝国国防方針の変遷については、黒野耐『帝国国防方針の研究』（総和社、二〇〇〇）、同『日本を滅ぼした国防方針』（文春新書、二〇〇二）を参照

(28) マハンの紹介者でもある佐藤鉄太郎海軍中将には、『帝国国防史論』（一九一〇）などの著作がある

(29) 秦前掲書、六七—六八ページ

(30) 一九〇七年二月四日付林発青木宛電報（『日本外交文書』一九〇七年第三巻、三〇九ページ）

(31) この時期のウォー・スケアの消長は秦前掲書、七三—七七ページを参照

(32) エドワード・ミラー『オレンジ計画—アメリカの対日侵攻50年戦略』（新潮社、一九九四）を参照

(33) 各種の日米未来戦記の消長については、猪瀬直樹『黒船の世紀』（小学館、一九九三）を参照

(34) 石川信吾『真珠湾までの経緯』（時事通信社、一九六〇）四一ページ

(35) 国民対米会編『対米国策論集』（読売新聞社、一九二四）

(36) 上杉慎吉『日米衝突の必至と国民の覚悟』（大日本雄弁会、一九二四）三〇―三一ページ
(37) 前掲『加藤寛治大将伝』八三一ページ
(38) 秦前掲書、二〇一―〇二ページ
(39) バーバラ・タックマン『失敗したアメリカの中国政策』（朝日新聞社、一九九六）二〇〇ページ
(40) Sumner Welles, *Seven Decisions that Shaped History* (Harper, 1951) p.66
(41) スチムソン・ペーパー（エール大学文書館蔵）、なお要旨は H. Stimson and M. Bundy, *On Active Service in Peace and War* (Harper, 1947) p.p.301-302, 前掲タックマンにも引用されている
(42) 朝河貫一『日本の禍機』（復刻は講談社、一九八七）一三七ページ
(43) 前田徹『ルーズベルト秘録（上）』（扶桑社、二〇〇〇）二四二―四三ページ、典拠はディジーの日記を利用した Geoffrey C. Ward, *Closest Companion : The Unknown Story of the Intimate Friendship between Franklin Roosevelt and Margaret Suckley,* (1995) P.10
(44) ハル・松方・ライシャワー『絹と武士』（文藝春秋、一九八七）三一四ページ
(45) 柳田泉『政治小説研究』全三巻（春秋社、一九三九）を参照
(46) アジア・モンロー主義については秦前掲書、二八ページ
(47) William L.Neumann, *America Encounters Japan* (Baltimore, 1963) p.199
(48) 前掲前田、二四八―四九ページ
(49) 前掲ライシャワー、三一八―一九ページ
(50) 暫定協定からハル・ノートに至る経過は須藤真志『日米開戦外交の研究』（慶応通信、一九八六）第六章を参照
(51) クリストファー・ソーン『米英にとっての太平洋戦争』上（草思社、一九九五）一二一ページ
(52) 戦史叢書『大本営陸軍部〈2〉』五〇八ページ
(53) 野村実『日本海軍の歴史』（吉川弘文館、二〇〇二）一六九ページ
(54) 前掲『太平洋戦争への道』第七巻の福田茂夫論文、四四九ページ、須藤前掲書二七四―七五ページ

第三章　日米対立の史的構図（下）

「正午ラヂオの放送、日米戦争突然停止せし由」
――永井荷風『断腸亭日乗』――

日本は一九四五年（昭和二十年）八月、ポツダム宣言を受諾する方式でアメリカなどの連合国に「無条件降伏」する。

直前まで本土決戦を呼号していたにしては、突然とも唐突ともいえる幕切れだったから、日本を決断させた最大の誘因は何だったのかについては、当時の関係者でも見解は分かれる。とくに原爆投下（八月六日）とソ連の参戦（八月九日）を比較して、どちらの比重が大きいかをめぐる論争は久しいが決着はついていない。

最近もソ連参戦の比重を強調する長谷川毅（カリフォルニア大学教授）と、原爆投下を重視する麻田貞雄（同志社大学名誉教授）の新たな論争が展開され、日米の両学界で話題になった(1)。

麻田は日本の指導層に対するショック効果を比較して、ソ連参戦は「間接的な衝撃」

にとどまるのに対し、原爆投下は「直接的な脅威」だったと説く。そして「もし仮に原爆が投下されず、ソ連の参戦だけであったとすれば、あの時点で日本が降伏したとは思えない」と論じた。私も麻田の論旨に賛成だが、ややニュアンスが違う。

この争点について、私が一九五〇年代から終戦の決定に関わった人たちと会うたびに聞いてみたところでは、「片方だけでは徹底抗戦論を押さえきれなかった。両方が重なるダブル・ショックで何とか終戦に持ちこめた」というのが、ほぼ一致した見解だった。

そうだとすると、日本国民は二つの偶然によってきわどい生を拾ったことになるが、一方では原爆やソ連の参戦がなくても通常爆撃と海上封鎖で日本は参っていたはずだという有力な議論もあり、アメリカのほうに賛同者が多い。

この種の論争の背後には戦後いち早く「過ちは繰返しませぬから」と、主語の欠けた記念碑を広島の爆心地に建てた「心やさしい」日本人と、原爆使用の正当性を主張しながらも、「原罪意識」を捨て切れない米国民の心理的暗闘が潜在しているのだが、ここでは深入りしない。

代りに私が注目したいのは次の段階、つまり降伏＝終戦を境として、一夜のうちに激変した日本人の集団心理である。それは敵対から友好、憎から愛への急速転換と評してよいだろう。戦後世代には落差の大きさが実感しにくいと思われるので、当時の抗戦論と恭順論の事例を比較してみよう。

まず抗戦論だが、戦争末期の日本は「一億玉砕」をスローガンに本土決戦の思想でこり固まっていた軍部が主導し、マスコミも一般国民も当然のように随従していた。徹底抗戦派を支えたいくつかの言行を拾うと、最初に挙げたいのは、他ならぬ戦時宰相（一九四一年十月―四四年七月）だった東条英機大将の言行である。一九四五年二月、内々で終戦の方途を模索していた昭和天皇は近衛元首相にひきつづき、東条を呼び、一対一（藤田侍従長が侍立）で意見を聞いた。藤田がメモした東条の発言要旨は次の通り。[2]

硫黄島に敵は上陸し来りたるに至れるも、従来敵の占領に委せたるは外域にして……純粋の領土にあらず……（開戦）四年後の今日漸く硫黄島にとりつき得たりともいい得。空爆の程度もドイツに比すれば序の口なり……この位のことにて日本国民がへこたれるならば、大東亜戦完遂と大きなことはいえず。

配給に対する苦情も、従前の飲食に対する考えより起る。陛下の赤子なお一人の餓死者ありたるを聞かず……我は正義の上に立つ戦なり。皇国不滅を信じて立つならば悲観に及ばず（傍点は秦）。

「いささか情ない思い」で聞いていた藤田は、「陛下の御表情にも、ありありと御不満の模様がみられた」と記録しているが、質疑に移ってからも、負け惜しみ一方の楽観論に徹した東条の長広舌は止まらない。

硫黄島、台湾、琉球（沖縄）の「防備は十分なので容易に敵手に委ねることがあるとは思えませぬ」「ソ連が直ちに中立を放棄することは考えられませぬ」と述べたて「従って今のところ（戦局は）五分五分と思考いたします」と結んだ。

すでに紹介した近衛文麿の「陸軍赤化説」にひきつづき、東条の「五分五分論」を聞かされた昭和天皇の困惑ぶりがしのばれる。空疎な精神論はともかく、戦局に対する見通しをこれほど間違えた例は稀だろう。

硫黄島は三月、沖縄は六月に失陥し、ソ連は四月に一年後の中立条約破棄を通告したのち八月に参戦している。三月十日の東京大空襲を手始めに全国の主要都市は次々に焼き払われ、最後に原爆投下でとどめを刺された。

だが天皇の「聖断」でポツダム宣言の受諾に至る過程で、阿南惟幾陸相を担いだ陸軍の抗戦派は和平派を葬るクーデターももくろむ。近衛師団は宮城を一時占拠したが、阿南の自決、古賀少佐（東条の女婿）らの逮捕によって反乱は終息する。反乱グループの論理は、平泉澄の門下でクーデター派の中心にいた井田正孝中佐の次のような回想(3)から見当がつく。

かの南米の小国パラグアイは五年戦争により全人口の八割を失うまで戦った。フィンランドしかり。中国しかり。ドイツもしかり。ひとりわが国は神州正気の民と自負しながら、本土決戦も行わず降伏せんとするが如きはあまりに打算的……

（秦注）南米のパラグアイが一八六四年から七〇年にかけアルゼンチン、ブラジル、ウルグアイ連合軍と戦って敗れ、領土の半分、人口の八割を失ない、ロペス大統領も戦死した。パラグアイでは大統領が戦死した例は他にないと今も誇りにしていると聞く。パラグアイ戦争（又はロペス戦争）と呼ばれている。

現在でも日本ではラテンアメリカの専門家でもないかぎり、聞いたこともないこの戦争の情報を井田がどこで知ったのか、私は晩年の本人にも聞いてみたが忘れたという返事だった。なお井田（のち岩田と改姓）は戦後を電通の総務部長、役員として余生を全うするが、硬派が大勢を占めた陸軍の幹部のなかにも建前と本音の間でゆれ動く大勢順応派がいないわけではなかった。

彼らは天皇が「このさい朕が悪者になって」と終戦の聖断をくだし、「承詔必謹」の名分を与えると、みるみる戦意を失なう。そうした心理経過は、理性派と見られていた河辺虎四郎参謀次長の日記で窺える。

八月九日に「戦うあるのみ」と記した河辺は、十日の日記に「降参はしたくない、殺されても参ったとは言いたくないの感情あるのみ」と、十一日は「終日部室に座りあり。気のぬけたビールかと自嘲するのがやっとのこと」「殺さるるまで鉄面皮漢で生きん」と書きとめた[4]。

河辺虎四郎

おそらく軍人でも大多数が、個人的には河辺と同じように抗戦→絶望→虚脱の過程をたどって既成事実を受容する心境に至ったものと想像される。それにしても河辺の変り身は早かった。八月十九日には降伏と米軍進駐の打合せに陸海外のスタッフをひきいてマニラへ飛び、のち河辺機関長として米軍の情報機関で働らくことになる。

食わせてもらった負い目

では「一億玉砕」の境地をくぐり抜け降伏、がらり変って米軍の占領という新たな局面に向きあった日本人はどんな心境で対応したのだろうか。

終戦の詔書を掲載した一九四五年八月十五日の朝日新聞を見ると、「一億相哭《こく》の秋《とき》」と題した社説が目に入る。横には「再生の道は苛烈、決死・大試煉に打克《うちか》たん」「国体護持に邁進」の見出しもあるが、将来に対する具体的な展望は提示していない。

「恐らくは今後幾年か、はたまた幾十年か並々ならぬ苦難の時代が続くことを予《あらかじ》め覚悟してかからねば」と悲観気分が横溢するなかで、「死せず亜細亜《アジア》の魂、東亜解放の途へ団結」の見出しが目を惹く。大東亜戦争がアジア諸民族の覚醒に貢献したのを、せめてもの慰めにしたい心情かと見受けるが、敗戦は「アジアの奴隷化に拍車をかける」だろうと自嘲してもいた。

日本が「解放」した欧米の旧植民地に宗主国が戻って、苛酷な統治が再開される事態を予感したのだろう。しかしビルマ、フィリピン、インドネシア、ベトナムなどが自力の独立闘争を挑み数年内に目的を達成したことや、日本に代って中国へ東アジアの指導的地位を与えるのが連合軍の政策だったことは見通せなかったようだ。

こうしてほぼ全員が、いわば茫然自失の精神状況で、日本は野心的な改革プランを携えて乗りこんでくる占領軍を迎えた。その期間は予想以上に長びき六年半に及ぶが、立場による異論はあるにせよ、敗戦国の日本人にとっては「予想以上の寛大な占領」、連合軍とくにアメリカから見れば「史上稀に見る成功した占領」となったのは、想定の範囲外だったようだ。

過酷さや寛大さの尺度は期待や覚悟との落差で測られがちであるにせよ、終戦直後には情報不足もあり概して過酷な占領政策を予想する者が多かった。八月十五日の朝日新聞は「見えざる鉄鎖がひしひしと迫り」つつあるが、「いかなる敵も我々を奴隷とすることはできないのだ」と述べている点から察して、アメリカ社会の黒人なみに処遇されそうだと覚悟していたのかもしれない。

その予測は裏切られた。それから六年後、マッカーサー占領軍総司令官が更迭され、帰国するに当り、朝日新聞は「今日まで六年間われわれを導いてくれたマ元帥」（一九五一年四月十二日付社説）、「さよなら！マ元帥、有難う」（同年四月十六日付）と書き

「沿道に別れを惜しむ歓送の都民二〇万」と報じた。嬉しい期待外れと呼んでよいのだろう。

もうひとつ別の例を挙げてみる。

「軍人が無謀とムチャクチャをなし続けて来て、ここに至れるなり」（八月十一日の日記）と自覚していた前記の河辺参謀次長は占領後の日本の姿について、

1. 領土は三、四世紀前を現前せん。
2. 民族の純血たちまちに汚されん。
3. 士道もとより撲滅されん。
4. 耶蘇《ヤソ》教信者の跋扈《ばっこ》せん。
5. アメリカ語が急速に蔓延《まんえん》せん。
6. 日本歴史の内容は根底より改纂されるべし。
7. 西洋文化のありがたさを極度に教え込まるるならん。
8. 我々の英雄、忠臣、これらはすべて抹殺せられん。

などとユニークな予見を書き残した(5)。

「その通りになった——」と膝を叩く人士は少なくないだろうが、河辺が早くも占領政策

による強制ばかりではなく、被占領国民の自発性ないし迎合の双方を洞察していたことにおどろくほかはない。

米軍の占領はマッカーサー総司令官の厚木飛来を手始めに、四五年八月末から始まった。占領軍が日本政府を通じる間接統治方式を採用したこともあり、平時体制への復帰は大した混乱もなく順調に進んだ。懸念された米軍の規律も概して良好で一か月もすると、米兵と腕を組んで街を歩く若い女性も珍しくなくなった。英米語熱も高まり英会話テキストは、この年のベストセラーとなり飛ぶように売れた。

庶民レベルの反応はさまざまであったろうが、占領初期の世相を知る手がかりとして、永井荷風の『断腸亭日乗』から一端をのぞいてみたい。

永井荷風

「全国を通じて国民飢餓に陥るべき日は刻々に迫りをれりといふ……余が余命も来春まで保ち得るや否や」（九月十六日）

「（天皇のマ元帥訪問の恥辱を憤り）角ある馬、鶏冠《とさか》ある鳥を目にする時の来るも遠きにあらざるべし」（九月二十

八日）

「（酒場で米軍将校たちが）給仕の少女を相手に日本語の練習をなす。日本の軍人に比すればその挙動遥かに穏和なり」（十月七日）

「（米兵チョコレートを日本人に売り）この金を持ちて郵便局附近の素人屋に行き女を買ふ」（十月二十五日）

「（コーヒーの）米国製鑵詰をひらく……人間も動物なればその高下善悪は食料によりて決せらるべし」（十二月八日）

「私娼窟に米兵出入禁止の貼札出でてより市中米兵の徘徊《はいかい》するもの少くなれり」（十二月二十六日）

荷風らしくのんびりした筆致の話題が多いなかで、飢餓に対する恐怖心だけは切迫感がある。実際に巷では冬を越すまでに一千万人が餓死するだろうという風説が流れ、「コメよこせ」のデモは宮内省にまで押しかけた。一般庶民にとっては、マスコミが注目した占領改革や新憲法の制定などは二の次で、最大の関心事は食料問題だったかと思われる。

幣原内閣（四五年十月―四六年五月）の外相として「戦争で負けて外交で勝った歴史がある」を信条にマッカーサーとわたりあった吉田茂は、「一か月も全国で赤旗を振ればアメリカは食糧を持ってくるよ」とうそぶいていた。四六年四月の総選挙で首相に擬せられた鳩山一郎が公職を追放され後継者になると、吉田は食糧の緊急輸入をマッカーサーに頼みこみ、「自分が総司令官であるかぎり日本国民は一人も餓死させない」との確約を引き出すまで、組閣を引きのばす「名人芸」（猪木正道）を発揮した。(6)

ワシントンの説得に手間どり、米極東軍のストックを積んだ食糧船第一号がマニラから到着したのは四六年五月までおくれたが、餓死者が出なかったのを責められた吉田は農林省の統計が不備だったせいで、「きちんとしていたら無謀な戦争はやらなかったし、やれば勝っていたかも」と言い返し、マッカーサーを苦笑させる。

伏線はその前にもあった。前年の末だが、昭和天皇は食糧援助の代償にと宮中の宝物目録を幣原首相に持たせマ司令部へ届けると、総司令官は「（そんな取引きは）面目にかけてもできない。必らず食糧を入れるから、陛下へ安心するよう申しあげてくれ」と答え、目録を返したという。

「成功した日本占領」を花道に、次期大統領選（一九四八年）への出馬をめざすマッカーサーの政治的思惑かという意地悪な見方もあるが、飢餓から救ってもらった感謝と負い目のコンプレックスは、戦後日本の親米路線を定着させる礎石となる。加えて空腹をかかえた庶民たちにとって最大の娯楽は、四年間の空白を埋めるかのように流入したアメリカ映画だった。

占領体制のアメとムチ

庶民階層とちがい、知識階層の反応は必ずしも単純ではなかったが、大勢はGHQが矢つぎばやに出した「占領改革」を積極的に支持した。

それは財閥解体、農地改革、教育改革（六・三制）、婦人参政権の付与など広汎にわたるが、めだった抵抗は起きなかった。新制中学の校舎建築が開校に間にあわず自殺した村長は数人いたが、土地を「没収」されて自殺した大地主は記録されていないし、旧制高校の廃止に反対して坐りこみした生徒もいなかった。

ひとつには成功した諸改革は、戦前から担当省庁のなかに類似の改革を志向する有力な流れがあり、GHQの「お声がかり」を利用したにすぎないという側面もあったからだ。しかも改革によって、多くの受益者たちが誕生して、占領終結後の「逆コース」を阻むことになる。公職追放を解除され復帰しようとした旧トップを、若手の後継者が拒んだのは好例である。

占領政策は「アメとムチ」の二本立だったが、食糧や映画を典型的なアメとすれば、帝国陸海軍の解体、東京裁判、新憲法の「押しつけ」などはムチに当るだろうが、この分野でも抵抗は微弱どころか、ムチの痛みを実感した人はあまりいなかったのではあるまいか。

東京裁判判決の直後に朝日新聞社説は「平和決意の世界的表現……われわれは進んでこの制約に服するもの」（四八年十一月十三日付）と、東大国際法教授の横田喜三郎（のち最高裁判所長官）は「世界の審判がついに下った」「国際法の革命」（同日付毎日新聞）と肯定的なコメントを発表、それは学界の主流的見解と見なされた。

日本人弁護団のなかにも「興行的誇示と、連合国内むけの安価な復讐感覚に訴えるために仕組まれた東京裁判」（清瀬一郎）に混って、「本裁判によって陸軍を中心とする軍閥＝国家の癌が芟除《せんじょ》されたことが重要」（榎本重治）とか「日本みずからの反省材料を与えし点はむしろ感謝すべきか」（豊田隈雄）のような所感を記す人も少なくなかった。(7)

自主裁判の功罪論や戦争責任論の行方も影を落している。終戦直後に東久邇宮首相は

「一億総ザンゲ」の標語で全国民の責任分担を呼びかけたが、東京裁判は二十数人のA級被告を除き一般国民は軍閥と軍国主義の犠牲者と位置づけ、戦争責任は問わなかった。その A 級戦犯たちも、法廷が開戦責任を問うたのに本人たちは敗戦責任に置きかえ、一切の怨みごとを言わず刑に服している。この領域でも新たな受益者層が生れたといえよう。

少数とはいえ知識層のなかには、マルクス主義に傾倒し社会主義体制の実現を希求する人たちがいた。左翼、リベラルと見なされ戦時体制下で教職を追われていた学者、研究者は復職し、獄中にいた共産党員も政治犯釈放の GHQ 指令で解放され、活発な政治活動を再開した。

日本側はジョン・ガンサーが古代ローマのシーザーになぞらえたマッカーサー将軍を、天皇に代る全能の統治者として仰ぎみたが、アメリカ側からすれば大統領を頂点とする米政府の指令の枠内で行動する立場にあった。

初期の占領政策を律したのは、「降伏後に於ける米国の初期の対日方針」（一九四五年九月二十二日）として公表された大統領の指令で、日本が再びアメリカ及び世界の脅威とならぬこと（非軍事化）を目的にかかげ、封建主義、軍国主義、超国家主義を根だや

しにする手段として、政治・経済・教育など広汎な民主主義的改革の「助長」(民主化)を命じていた。(8)

つまり目的は非軍事化にあり民主化は手段にすぎなかったので、大元帥の地位を失なった天皇制を残せる余地があった。また昭和天皇が「人間宣言」として知られる四六年年頭の詔書で五か条の御誓文を引用して、アメリカ型ではない日本型の民主主義もあると示唆しても苦情は出なかった。

この指令のなかで解釈上の誤解を招いたのは、占領政策に反しないかぎり「民主化のための暴力行使」を容認するとした条項であった。(9) GHQは民主化促進のため、日本共産党や労働組合を利用して旧勢力を押さえこむ戦術を取り、暴力沙汰さえ黙認したので、日共幹部のなかには「占領下の赤旗革命」も可能だと唱える楽観論さえ生まれる。

ところが一九四七年頃から顕在化した米ソ冷戦の進展は占領政策にも波及し、GHQは二・一ゼネストに中止命令を出し、反共的姿勢を強めていく。日本共産党も親ソ、親中共の方向へ傾斜して反米色を強め一九五〇年、GHQの追放指令を受けると徳田球一、野坂参三らの幹部は北京へ亡命し、朝鮮戦争(一九五〇—五三年)にさいしてはコミンフォルム(コミンテルンの後継)の指令に沿って軍事闘争の路線をとった。

しばしば「逆コース」の名で呼ばれる占領政策の全面的転換は、冷戦体制下における日本の役割を見直す一九四八年十月の米国家安全保障会議（NSC13―2）によって方向づけられる。

それは早期の対日講和＝独立回復を前提に、日本を西側陣営の有力な一翼に組みこめるよう、日本経済の復興と安定を援助し、改革は打ち切って日本政府の自主性に委ねようとしていた。しかし初期政策の核心である「非軍事化」を修正して日本の再武装をめざす方針に、戦争放棄と非武装を規定する新憲法第九条の生みの親だったマッカーサーは抵抗した。曲折のあげく、ドッジ・ラインによるインフレ退治は成功したが、講和も再武装も先送りされ、代って沖縄基地が強化されることになる[10]。

朝鮮戦争の勃発は占領の環境条件を一変させた。在日米軍の主力が朝鮮半島へ出動した空白を埋めるため、マッカーサーは警察予備隊の創設を命じ、それはのちに自衛隊へ発展していく。

講和条約の米側責任者となったジョン・F・ダレス（のち国務長官）は、吉田首相に本格的な再軍備を要求したが、吉田はマッカーサーを味方につけ「見透しとして再軍備は必至となる。但《ただ》し平和条約ができるまでは再軍備はいやとの建前をとる[11]」観点から強気の姿勢でダレスとわたりあった。

日本専門家のライシャワー（ハーバード大学教授）は、日本人が「アメリカ人同士を反目させるシニカルな技術を身につけようとしている」(12)と観察した。たしかに吉田は「非武装中立」をかかげていた野党の社会党幹部へひそかに、再軍備反対運動を盛りあげてくれるよう働きかけたりするなど老練な外交手腕を発揮して、「軽武装、経済優先の吉田ドクトリン」（高坂正堯）を確立するのである。

こうして太平洋戦争の法的終結を告げる対日平和条約は一九五一年九月八日、サンフランシスコ市のオペラハウスで四十九か国の代表によって調印された。そして翌年四月二十八日全調印国の批准書寄託によって条約は発効し、日本は七年ぶりに国際社会へ復帰することになった。

ソ連、中国をふくむ共産陣営の数か国は調印せず、講和は参戦国の全部を包含する「全面講和」ではなく、いわゆる「多数（片面）講和」の形で実現した。

講和条約と同時に日米安保条約も調印され、独立を回復した日本は、基地を提供するかわりに米軍に守ってもらうことになった。守るといっても条約では義務化されていないことに着目した岸信介首相は一九六〇年、戦後では最大規模の国民的反対運動で苦境に立つが、内閣総辞職とひきかえに安保条約の改正を達成する。

かつて東条内閣の閣僚だった岸は占領の後遺症を清算し、日本を東アジアの政治大国として復活させる方向を模索していた。第九条をふくむ「米国製憲法」の改正準備に乗りだし、核武装も視野に入れていた。安保改定をめぐる騒動の本質については諸論があり、定説は今も固まっていないが、「反米」よりも「反岸」感情のほうが優越していたと見ることに異論は出ないようだ。

後継の池田勇人内閣は政治路線の対立を避けようと「所得倍増計画」を提示し、国家目標を高度経済成長政策へと切りかえた。

「アメリカ化」の貸借対照

日本とアメリカが同盟関係に入ってから、半世紀を超える時日が経過した。日米安保条約は一〇年ごとに自動延長する規定になっているが、一九七〇年の延長以後は新聞の話題にのぼったこともない。

その間に経済問題などで、時に日米間の「摩擦」現象がクローズアップした例もなくはなかったが、基調としての同盟関係がゆらいだことはなかった。それを支えていたのは、国民の大多数に定着した良好な対米感情である。あえて仕分ければ、次のような要因が挙げられよう。

1．占領期におけるアメリカの食糧援助を中心とする経済援助。このうち総額二〇億ドルと概算されたガリオア援助のうち約五億ドルは債務として返済したが、「食わせてもらった恩義」の感覚は残った。

2．経済上の相互依存性は、予想されたよりも強まった。独立回復直後の日本は東南アジアを主要な貿易相手と想定したが、結果的にアメリカが最大の市場となった。

3．第二次大戦後の世界は、豊かな物質文明を軸とする「アメリカニズム」（Americanization）が流入し滲透した。日本も例外ではなく、むしろ最先端を走った観がある。それは政治・経済ばかりでなく芸能・風俗面にまで及び、価値観の共有化も進行する。

4．占領終結までの約六年、日本は海外との連絡や交流はすべてGHQ経由という不便さを忍ぶかわり、米軍の保護下にある安心感から、冷戦など国際政治の動向には鈍感となった。

朝鮮戦争勃発の直前に東京を訪れて政府要人たちと会談したダレスは「日本は国際間の嵐がいかに激しく吹いているかを知らないで、のどかな緑の園生にいるという感じ」(13)

と発言している。独立後も、米軍の庇護下にある安心感は根強く残り、「非武装中立」論に代表される空想的平和主義が生きのびる背景となった。

マッカーサー

では日米対立の伏流はもはや消滅したのかと聞かれれば、そうとも言い切れない。日米友好の基調に反発する形で、細々ながらつづく反米論の流れを箇条的に列挙したい。

1．復讐論―敗戦直後には旧軍の元抗戦派を中心に、占領政策の展開、とくに天皇制への処遇しだいではゲリラ的抵抗を組織しようとする分子がいた。それを警戒したマッカーサーは一九四六年一月末、天皇を戦犯に指名すれば「数世紀にわたって完結することのない相互復讐の連鎖反応が始まり……すべての民主化への望みは消滅し、日本は共産化するだろう[14]」との電報を本国政府に送り、象徴天皇制の存置を承知させた。

終戦と同時に東大教授を辞任した平泉澄は四六年五月、青々塾生たちへ「天皇に対する占領政策のいかんによっては、ＧＨＱに討入ることも必要になるかもしれない[15]」と説いていたというが、この種の復讐論は、その前後から雲散してしまう。

2．反帝国主義―マルクス主義者など左翼の論客は、アメリカを資本主義、帝国主義の総本山とみなして敵視する立場をとっていた。しかし、「米帝国主義の打倒」はデモ隊の愛好するスローガンではあったが、それはかならずしも国家や国民を対象とする反米行動とは直結しなかった。武装闘争時代の日本共産党も、保守政権を闘争の対象にはしたが、米軍と直接に対決することは避けた。占領の前後を通じ、在日アメリカ人が身の危険を感じることはなかった。

3．経済摩擦―日本の経済力が強まり、対米輸出が拡大するなかで、繊維、電化製品、自動車などの輸出規制と日本市場の開放をめぐる摩擦が続発、双方に反米、反日感情を生み出し、「日米経済戦争」と呼ばれたこともあるが、互譲によって解決され深刻な対立レベルには至らなかった。

4．陰謀史観の台頭―「修正主義者」たちは歴史の事実経過をそっくり裏返して、正反対のイメージを作り出す語り口にたけている。たとえば彼らは「望みうる最良の占領」（加瀬俊一）を、日本を無害化するために米占領軍が巧妙にしくんだ謀略の所産であり、無意識のうちに「洗脳」された日本人は、いまだに「属国根性」から抜け出していないと説く。

だまされた「被害者」という見立ては、プライドをあまり傷つけないし、醒めて歴史を見直せばプラスの対米イメージは一挙にマイナスへ裏返る可能性もないわけではない。

占領期に中学生だった私も親米気分が盛りあがっているなかで、誰からともなく「3S政策」で愚民化されるなと警告する声を聞いた記憶がある。3Sとは、アメリカ流民主主義の「強制導入」に随伴して入ってきたスクリーン（映画）、スポーツ、セックスを指す。戦時中の長い禁欲生活にうんざりしていた日本人が3Sを歓迎したのは事実で、否定派も内心では抗がいながらも、もろともに楽しんでいたのかもしれない。

それに3Sと類似した「アメリカニズム」の波は、日本ばかりでなくあらゆる西側諸国に押し寄せていた。のちには共産圏にも、ハンバーガーとコカコーラ（ペプシコーラ）飲料を組みあわせた「ファストフード」が進出し、「コカコーラ帝国主義」の異名をもらう。だがわが国でも最近はコーラ飲料をあまり見かけなくなったように、河辺中将が懸念した「アメリカ化」現象の多くは概して不徹底に終わったと言えそうだ。

表1は河辺虎四郎の予言などをもとに私が思いついた指標で、アメリカ化現象の進行程度を検分してみたものである。目に見える政策として米占領軍が導入した財閥解体、農地改革、教育改革、憲法第九条などは、観察の対象から外した。

表１　「アメリカ化」現象の進行状況

指　標	占領期	その後	参　考
混血化の進行	△	×	
キリスト教の伸張	○	×	信者数はほぼ不変
米英語の普及	◎	○	世界語へ
士道の衰退	○	○	
日本悪玉史観	◎	○	
平和主義	○	◎	第九条の維持
米食→パン食	○	△	最近は米食回帰の傾向
産児制限（少子化）	○	○	高齢化も進行中
家制度の崩壊	△	○	

×　否定的　△　やや否定的　○　やや肯定的　◎　肯定的

このうちで、河辺ならずとも多くの日米人がほぼ確実かと予想したのは、国家神道に代る耶蘇教＝キリスト教の伸張であったろう。橋渡し役にはこと欠かなかった。

マッカーサー総司令官は一九四五年十月、本国から招いた宣教師グループへ「いま日本は精神的な真空状態にあります。みなさんによってキリスト教で満たされないと、日本は共産主義によって満たされてしまうでしょう」と語り、五年間に二五〇〇人の聖職者が日本を訪れた[16]。

四七年には最初のクリスチャン首相（片山哲）が誕生し、宮中でキリスト教の講義に出ていた昭和天皇の改宗が噂されたこともあった[17]。占領の終結と同時にこの種の動きはぴたりと止んだところを見ると、占領軍や天皇は、信仰よりも政治的動機で対処していたのではあるまいか。

教会で英語を学び、留学のチャンスを得た学生たちも定着せず、熱心な布教活動にもかかわらず戦前、戦後を通じ信者の数は増も減もないらしい。

ＧＨＱが主導した学校給食で慣れ親しんだのを機に、パン食が庶民レベルまで普及したとされる。それを、アメリカ産小麦の輸出市場を開拓する深謀ではないかと唱える人もいた。しかしパンを中心とする洋食化にはしだいに歯止めがかかり、給食に取り入れるなど最近では米食本位が復活する傾向にある。

改めて表1を見直すと、アメリカの政策意図があったとしても、達成されたかどうか疑わしいなかで、「日本悪玉史観」と「平和主義」は一応の成功を収めたかに見える。そこで占領期に関わる「陰謀史観」のなかから「東京裁判史観」と「閉された言語空間」（江藤淳）の二つを選び、その生態を観察してみたい。

国内消費用の東京裁判史観

「東京裁判史観」という造語が、語義やや不分明のままに論壇で流通しはじめたのは一九七〇年代に入った頃からだが、批判の対象が必らずしも裁判自体ではなく、二次的所産の歴史観に向けられている点を注目したい。

法的観点からの批判もないわけではなく、とくにA級戦犯たちを罪刑法定主義の原則に背く事後法によって裁いたことは問題にされたが、講和条約十一条で日本政府が「裁判（判決）を受諾」(accepts the judgments)すると誓約したこと、旧連合国側にも「東条が法的には無罪」(18)（リチャード・マイニア）と主張する意見が少なくないことなどから、争点にはなりにくかった。

そこで裁判の否定論者たちは、昭和初年における日本の対外行動を侵略と認定するために法廷が組みたてた「東京裁判史観」と、それに由来する各種の「自虐史観」に批判と反発の矛先きを向ける。後者も前者に劣らず語義は曖昧だが、教科書で秀吉の朝鮮出兵は「侵略」と表現しても、蒙古・高麗連合軍の北九州攻撃は「襲来」と表記するたぐいの習性を指すようだ。

その場合に反撃の論理は、
同罪論（相殺論）
挑発説
の二つに大別される。

同罪論では、侵略も残虐行為も「お互いさま」なのに、「勝者の裁き」だったゆえに敗者の例だけが、クローズアップされたと強調する。挑発説とは、日本が先に手を出したように見えるが、実はアメリカの石油禁輸やABCD包囲陣の形成など先方の挑発を受け、立たざるを得なかった自衛戦争だという論法で、さらに一歩ふみこんで、侵略されたのは日本のほうだという極論も見かける。

おそらく彼らが当惑したのは、占領期をふくめ、かなり後まで東京裁判を批判するマスコミの論調や国民の肉声が見当らず、むしろ素直に受容された形跡が多いことではなかろうか。そうなった理由を、想像も混え次にあげてみよう。

1. 国民の多くは飢餓線すれすれの最低生活にあえいでいて、関心を抱く余裕がなかった。

2. 法廷は指導者だけを裁き、一般の日本国民を被害者と見たてて問責せず、国民のほうも「血で血を洗う」自主裁判を連合国に代行してもらえると受けとめた。

3. その指導者も東条を頂点とする軍閥の幹部に限定され、石原莞爾、宇垣一成、真崎甚三郎のような反東条派や田中新一、服部卓四郎、辻政信のような参謀クラス、占領軍が利用した河辺虎四郎、田中隆吉、有末精三らは外した。海軍の幹部も同様である。

4. 裁判を公開し、米人をふくむ多数の弁護人をつけ、非公開、弁護人なしの日本軍の裁判慣行を知る国民に、「公正性」を印象づけた。
5．E・H・ノーマンは裁判の重要な意義として「歴史に対する大きな貢献」を挙げているが、久しく「知る権利」を奪われていた日本の歴史家、ジャーナリストや一般国民は、裁判の過程で明るみに出た大量の情報公開に知的好奇心を満足させた。しかも日本政府や軍は終戦時に戦犯逃れのため公文書の多くを焼却してしまったため、反論しようにも材料がなかった。
6．後世から見ても、「戦犯裁判くらいは（敗戦国には）許容範囲内の犠牲[19]」と映じた。

こうして占領期日本人の間に形成された「悔恨共同体」（丸山真男）が融解しはじめるまでには、それなりの時間が必要だった。しかも「敗者のルサンチマン（弱者の怨恨）」（日暮吉延）に終始するのでは説得力が乏しいので、とかく「陰謀史観」、それもアメリカだけでなくコミンテルン（ソ連）、ユダヤ＝フリーメーソン、中共などが主役や傍役をつとめる合い乗り型へ流れた傾向がある。

また歴史の専門家は少なく、他分野やアマチュアの論客や運動家が主力を占める。渡部昇一は英語学、西尾幹二はドイツ文学、江藤淳は国文学、藤原正彦は数学が専攻、田母神俊雄は自衛隊幹部といったぐあいだ。いずれも読者の情緒に訴えるレトリックの巧者だが、森鷗外の研究が専攻の「硬派文学者」小堀桂一郎は、

A『さらば、敗戦国史観』（一九九二年）

B『東京裁判　日本の弁明』（一九九五）

C『再検証東京裁判――日本を駄目にした出発点』（一九九六）

D『東京裁判の呪ひ――呪縛から日本人を解き放て』（一九九七）

E『さらば東京裁判史観』（二〇〇一、Aを改題）

と、たてつづけに東京裁判批判本を書いたかと思えば、最近は中西輝政との対談集である、『歴史の書き換えが始まった！――コミンテルンと昭和史の真相』（二〇〇七）も出した。陰謀者がいつの間にかコミンテルンと合い乗りしてしまったのだが、先にあげた論客の多くが複数の陰謀史観に仲良く加担しているから珍しい現象とは言えない。

要は主体性を失って漂流状態の日本は、アメリカ、ロシア、中国、ユダヤなど陰謀の仕掛人から次々に小突きまわされているという構図なのだろう。

ここで小堀など「東京裁判史観」批判の論客たちが、好んでとりあげる論点を私なりに整理し例示してみる。

1. 事後法を理由に全被告の無罪を主張したパール判決に、「日本無罪論」の標題を与えて礼讃する。生前のパール判事を日本へ招き、記念碑も建立した（日本政府は勲一等を授与）。

2. 講和条約が発効する一九五二年まで、日本と連合国は戦争状態にあったと解釈する。処刑された七人のA級被告は戦死者とみなし、靖国神社への合祀は当然とされる。

3. 日本は無条件降伏したのではなく、ポツダム宣言が示した条件を受諾する有条件降伏だった。

4. 講和条約十一条（前出）で受諾したのは、外務省が意図的に誤訳した「裁判」ではなく、「判決」と訳すべきだったと強調する。

5. マッカーサーが総司令官解任後に、米議会で「日本を戦争に駆り立てた理由は、主として〈安全保障〉（security）の必要からだった」と証言したのを、日本の自衛戦争と認識していた証拠と受けとめる。

6. 「大東亜戦争」は中国をふくめ相互に納得ずくで戦ったのであり、その相手に謝罪するのは筋違いである。

いずれも一理ありそうだが、彼らがこの種の「正論」をひっさげアメリカへ出かけて論戦しようと試みた形跡はなく、日本人の一部有志に訴える「国内消費用」（domestic consumption）の自慰的言論に終始した。

その意味では戦前の「八紘一宇」や「国体明徴」と同じように、国際社会には通じそうもない片思いの情念なので、アメリカ製の公文書を引き合いに、陰謀の「証拠固め」に乗りだしたのは江藤淳である。

ウオー・ギルトと「甘えの構造」

「ウオー・ギルト・インフォーメーション・プログラム」（War Guilt Information Program）という表題の文章に、「再発見者」の江藤淳は「戦争についての罪悪感を日本人の心に植えつけるための宣伝計画」の訳をつけた。

江藤著の『閉された言語空間――占領軍の検閲と戦後日本』（一九八九）によると、一九七九年から一年間、ワシントンのウッドロー・ウイルソン・センターで占領軍の検閲事情を調査している時に、レイ・ムーア（アマースト大学教授）から提供されたものだという。

この文章は一九四八年二月六日付でＧＨＱの民間情報教育局（ＣＩＥ）から参謀第二部（ＧⅡのＣＩＳ）へ宛てた報告書で、表題にドラフト（案）と入っているのは気になるが、内容は日本人にウオー・ギルトを自覚させるＧＨＱの宣伝活動を占領開始時にさかのぼり記述しているので、それなりに参考となる。

それによると、第一段階の活動は新聞に連載させたＧＨＱ製の『太平洋戦争史』（一九四六年四月刊）の刊行や、「真相はこうだ」（のち「真相箱」と改称）と題し四五年末からほぼ一年つづいたＮＨＫ連続番組の放送に代表される。少年ながら私もかたずを呑む思いで、読んだり聞きいったりした記憶がある。

江藤は「戦後日本の歴史記述のパラダイムを規定するとともに、歴史記述のおこなわれるべき言語空間を限定し、かつ閉鎖した」[20]と、高橋史朗は「日本人へのマインドコントロール計画」と評すが、果してそんな大それたものだったのか。

「太平洋戦争」の呼び名を定着させる契機になった粗末な仙花紙本を久々にめくってみた印象だと、宣伝用としては迫力不足の地味な文体で、訳者代表の中屋健弌が「冷静な立場から第三者として」書かれたと注釈しているように、むしろ検定を通った高校生用歴史教科書に近い。真珠湾攻撃についても「米国海軍史上最大の暗黒日」で「その数時間後に日本の最後通告が届いた」と気抜けするほど淡々と書かれ、しかも「(天皇)陛下御自身の御意志ではなかったのだ[21]」と付け加えている。

「真相箱」のほうは、もう少しドラマチックな工夫を施していたと記憶するが、日本史を題材にした昨今のテレビ番組のほうが、よほどけたたましい。番組はたとえば「帝国艦隊全滅の真相を放送して下さい」という質問に、ミッドウェー海戦や戦艦大和の最後を紹介、沈没した日米両国の軍艦の隻数を伝え、ついでに「日本軍はいつも連戦連勝を博しているように報道」した大本営発表の虚偽性を認識させる巧みな話法をとっていた。

答えにくい難問も回避してはいない。「原子爆弾が広島に投下されたとき合衆国世論はどんなものでしたか」という質問には米メディア上のコメントを列挙するが、「我国歴史の汚点」「全くのテロ行為だ」というニューヨーク・タイムスへ届いた読者の投書も紹介している。

保阪正康は宣伝と教育を兼ねたこの番組が「日本国民の意識に直截に入り込んだ」のは、「善意にあふれた内容」もあったが、大本営発表に通じる「きわめて巧妙なトリックを用いた論法」のせいだと結論づけている[22]。

ともあれ江藤の言う第二段階は、「戦争犯罪人の正当化および擁護」を禁じた検閲方針に沿う東京裁判に関する言論規制が主眼になった。

つづく第三段階は、東条への讃美、原爆投下への非難が日本国民の間に広がる動きを予防することなどが予定されたが、正面きっての宣伝は逆効果を招くので注意深く行動するよう求めていた。しかしＧＨＱの事前検閲は四七年後半から事後検閲に移行したので、やりにくくなったという苦情も記録されている。

ウオー・ギルトと並んで江藤がＧＨＱによる愚民化政策と見立てた検閲が早い段階で緩和されたのは、日本人が進んで占領方針に同調したので、宣伝や教育はあまり必要ではなくなったと判断したからかもしれない。だが江藤はそう考えない。

「その効果は、占領が終了して一世代以上を経過した近年になってから、次第に顕著」になったのは、ウオー・ギルトの宣伝によって「間接的に洗脳されてしまった世代」が、社会の中堅を占めるようになったからだと思いこんだからである。

とくに戦後日本の歴史記述が「『太平洋戦争史』で規定されたパラダイムを依然として墨守しつづけ」ている点が重視される。彼の空想力はさらに膨らみ、教科書問題も土下座外交も「南京虐殺」論争も、すべて「ＣＩＥ製の宣伝文書に端を発する空騒ぎ[23]」にされてしまった。

江藤淳

こうなると、江藤の論調は必然的に反米思想へ行きつくしかない。今や姿を消した日米経済摩擦の最盛期に当る一九八七年に刊行した『日米戦争は終わっていない』では、「つくりあげられた言語空間のなかで、意識と行動を決定された状態に甘んじつつ、そのことに気がつかぬまま今日まで来てしまった」と述べる。そしてアメリカに押しつけられた「平和」、「反核」、「民主主義」、「基本的人権」の概念に反逆する自由はほとんど皆無になってしまったと歎き、「自己回復」を呼びかける。

江藤自身が享受している言論と表現の自由は否定しようもないので、責任はマスコミの自主規制や各人の無自覚に転嫁せざるを得なくなるのだろうが、泣き寝入りもできぬせいか、

「日米の宿命―果てしなき戦い」
「日露戦争直後から日米間の戦いは始まっていた」
「大東亜戦争はいまだ継続している」

のような反米言説へと飛躍する。(24)

相手が中国や朝鮮半島であれば厄介な紛争を招きかねないが、アメリカなら聞き流すか笑いにまぎらすだけだから、声高に陰謀説を唱えても安心しておれる。

江藤のウォー・ギルト論も米財団の給費で研究生活を送っている最中に、米人教授から提供された材料を使って仕上げたものだが、米議会がベトナム反戦運動のリーダー小田実（米政府の奨学金である元フルブライト留学生）を槍玉にあげたのとちがい、江藤が非難された形跡はない。

江藤は、日米関係にひそむ「甘えの精神構造」に早くから気づき、それを最大限に利用していたようである。新進の文藝評論家として頭角を現していた彼は一九六二年から二年間、ロックフェラー財団の給費でプリンストン大学に留学した。

その体験は『アメリカと私』（一九六五）に詳しいが、ロサンゼルスに到着した直後、同行した妻が急病となり入院費を請求されたとき、夫婦で月三五〇ドルは屈辱的に低い給費だと気づく。彼は次のように書いている。

夏目漱石の評伝を書いて批評家になった私は、留学中の金の不足が、精神にどんなに悪影響を及ぼすものかをつぶさに知っている。財団の善意に応えるためにも、滞米をより効果的ならしめるような給費の増額を要求するのは、むしろ自然なことと思われた（中略）。

私は意地でも財団から入院費を支払わせるつもりで……財団から家内の急病に要した費用の全額にあたる小切手を受取った。私は自分のマキャベリズムが通用したことに、満足であった[25]（傍点は秦）。

一年後にやはり同じ財団から同額の給費を受けハーバード大学へ留学した私は、まだ在米中にこの一文を読んで、著者の身勝手な論理に呆れると同時にタフな闘争姿勢に感心した覚えがある。

私はといえば、出発前にこの給費では独身者でも足りないと判断して、別の財団からも給費をもらい、自前のドルも携行したので、留学中の夏休みに二カ月近い欧州旅行ができるほど余裕があった。財団本部に立ち寄ったとき、「病気などで困ったら負担してもよいから、コレクト・コールで電話してください」と言われ感激した。

江藤の余恵に浴したのかもしれないが、幸い病気もせず財団の寛容さに甘えて増額要求を出すことなど夢にも思わなかった。

どうやら、私と江藤の対米イメージが正反対に近く分かれたのは、こうした「原体験」の違いが影響しているのかもしれない。

原体験と言えば、小堀桂一郎も幼時から珍らしいほどのアメリカ嫌いだったようだ。『東京裁判の呪ひ』によると、終戦を静岡県沼津の小学校六年生で迎えた小堀は、「不潔なヤンキーなどというものの実物は極く稀にしか」眼にしなかったが、同世代の連中は「米文化に汚染されていると感じ、（講和条約で）汚染源が一掃されるのは祝うべきこと」[26]と喜んだそうである。

戦争をくぐり抜けた日米両国は半世紀を超える協調と同盟の関係を維持してきた。それを対米従属と見なし、「甘えても怒られない」（怒ってくれない）のを承知の上で反発する論調は今後も絶えないだろう。

むしろ懸念されるのは、アメリカが日本を捨てる時の到来かもしれない。

(1) 論争については、長谷川毅『暗闘』(中央公論新社、二〇〇六)を参照。英文の原著は*Racing the Enemy: Stalin, Truman, and the Surrender of Japan,* by Tsuyoshi Hasegawa (Cambridge, 2005)。反論は『諸君!』二〇〇六年九月号の麻田貞雄論文、なお麻田の所論は「原爆投下の衝撃と降伏の決定」(細谷千博他編『太平洋戦争の終結』、柏書房、一九九七)や*Pacific Historical Review*の一九九八年十一月号の麻田論文、米学界の論争はマイケル・コート「ヒロシマと歴史家―修正主義の興亡」(邦訳は『同志社法学』二〇〇九年一月)を参照

(2) 前掲藤田『侍従長の回想』七四―八四ページ

(3) 『日本週報』昭和三一年八月号の井田手記

(4) 『河辺虎四郎回想録』(毎日新聞社、一九七九)二五四―五五ページ

(5) 同右、二五六ページ

(6) 猪木正道『評伝吉田茂』下(読売新聞社、一九八一)一六八、一八五―一八六ページ

(7) 清瀬一郎『秘録東京裁判』(中公文庫、一九八六)一七七ページ、豊田隈雄『戦争裁判余録』(泰生社、一九八六)二五四、二六〇ページ

(8) 大蔵省財政史室編『昭和財政史―終戦から講和まで第三巻―アメリカの対日占領政策』(東洋経済新報社、一九七六)付属資料一一―一五ページ

(9) 同右、一一三―一四ページ

(10) 同右、三九九―四〇六ページ、秦郁彦『史録日本再軍備』(文藝春秋、一九七六)九九―一〇四ページ

(11) 原彬久『吉田茂』(岩波新書、二〇〇五)

(12) 前掲秦『史録日本再軍備』一〇五ページ

(13) 同右、一三四ページ

(14) 秦郁彦『昭和天皇五つの決断』(文春文庫、一九九四)一九八ページ

(15) 若井敏明『平泉澄』(ミネルヴァ書房、二〇〇六)二九五ページ、藤原弘達『生き残る』(学研、一九八〇)三一四ページ

(16) ベン=アミー・シロニー『母なる天皇』(講談社、二〇〇三)三一八―一九ページ

(17) 同右、三二一―二二ページ

(18) リチャード・H・マイニア『東京裁判』（福村出版、一九八五）八ページ
(19) 日暮吉延『東京裁判』（講談社、二〇〇八）一五三ページ
(20) 江藤淳『閉された言語空間』（文藝春秋、一九八九）二二八ページ
(21) 民間情報教育局『太平洋戦争史』（高山書院、一九四六）一二、八五ページ
(22) 保阪正康『日本解体』（扶桑社、二〇〇四）二五七―七六ページ
(23) 前掲江藤、二三四―三五ページ
(24) 江藤淳『日米戦争は終わっていない』（ネスコ、一九八七）四四―五四ページ
(25) 江藤淳『アメリカと私』（朝日新聞社、一九六五）二二ページ
(26) 小堀桂一郎『東京裁判の呪ひ』（PHP研究所、一九九七）六四―六五ページ

第四章　コミンテルン陰謀説と田母神史観
――張作霖爆殺からハル・ノートまで――

田母神史観の検討

自衛隊の田母神俊雄航空幕僚長がアパ・グループの懸賞論文募集に入選、発表した「日本は侵略国家であったのか」と題する論文（渡部昇一審査委員長）の内容が不適切だとして、浜田防衛大臣から解任されたのは二〇〇八年十月三十一日のことであった。「ぞっとする自衛官の暴走」（朝日）、「立場忘れた軽率な論文」（読売）、「トップがゆがんだ歴史観とは」（毎日）、「歴史観封じてはならない」（産経）といった新聞社説の見だしが示すように、メディアは大々的に報道し、内容の是非論ばかりでなくシビリアン・コントロール（文民統制）をめぐる論争にまで発展した。[(1)] 一躍して「時の人」となった前空幕長は、「日本は素晴らしい国だと言ったら解任された」をキャッチコピーに、講演、対談、執筆活動に内外をかけまわる大忙しの日々を送ることになる。

ここでは海外での反響の一端を、英サンデータイムス紙（２００９年8月23日号）の記事から次に引用してみよう。

昨年、大日本帝国が第二次大戦の侵略者ではなかったと主張する論文を発表していらい、田母神前航空幕僚長（61）は右派勢力のヒーローになった。三月に刊行された彼の最初の著書は三月いらい一〇万部が売れ、日本の核爆弾開発を説いた次の著書は今月初めまでに二万部が印刷された。

田母神は陰謀史観と反欧米思想を主題に、月二〇回の講演をこなしている。そしてアメリカはユダヤ＝共産主義者スパイの陰謀で対日戦争にひきこまれたとか、大東亜戦争は白人支配から有色人種を解放する聖戦だったと強調する。

秦郁彦教授は「田母神と支持者たちは古い陰謀史観に新たな生命を吹きこもうとしている」とコメントしたが、たとえばソ連のスパイだったホワイトやモーゲンソーがハル・ノート発出の張本人だったとか、張作霖を爆殺したのがソ連の工作員だったという彼の所説はいずれも証拠がない（マイケル・シェリダン特派記者、東京発[2]）。

記事はさらに田母神の大胆な核武装論に対する中国をふくむ内外の反響や自衛隊内の反応ぶりについても言及している。しかし本章では、こうした側面への深入りは避け、田母神論文が自説を裏づける素材として援用した陰謀史観の検分に焦点を絞りたいと思う。シェリダン記者はハル・ノートと張作霖爆殺事件にしか触れていないが、くだんの論文では国際共産主義（コミンテルン）が関わった陰謀として、三～四例を追加したワンセットにしている。

いずれも以前から流布され、専門家の間ではなじみの話題ではあるが、受け売りが多いとはいえ、諸説をかき集めて一堂に並べたのはユニークな着想といえよう。とかく陰謀論を唱える人士はある特定のテーマだけにのめりこむ傾向があり、相互の交流は乏しく体系化ないし集大成を試みる人はなかった。

はからずも田母神の手法は不十分ながらも体系化への流れを作ったことでインパクトを強め、共鳴者や応援団が一部のメディアを通じ昭和史の「書き換え」を迫る動きへ発展する。

たとえば保守系の運動組織である日本会議は、中西輝政、小堀桂一郎の対談を軸とする『歴史の書き換えが始まった！──コミンテルンと昭和史の真相』と題するブックレットを刊行した。その序文には「かつて年輩の方々から『日本があの戦争に巻き込まれたのはコミンテルンに引っ掻き回されたからだ』とよく聞かされていたが、その直感は正しかった」という中西の宣告をかかげている。

そうだとすれば、日本もアメリカもコミンテルンにだまされて戦争を始めたということになるが、その根拠が「直感」だとするといささか頼りないと思う人もいよう。田母神応援団は勢い余ってか、批判の矛先をコミンテルン陰謀説に同調しない歴史家たちや文科省の検定教科書の記述へも向けた。目についた数例を次に挙げてみよう。[3]

A「戦後日本の歴史家たちは、この陰謀隠蔽史観に毒されすぎている」（中西輝政）

B「田母神論文は、秦氏や日本の文科省検定の日本史の教科書よりははるかに正しい」

田母神俊雄

（渡部昇一）

C「（田母神氏の）勉強ぶりにはほとほと感嘆するより他のない労作……教科書として使うのにうってつけ」（小堀桂一郎）

D「私は現代史に専門家が存在することを認めていません」
（西尾幹二）

E「私の言論がきっかけとなり国民が保守の言論を求めている

表1　コミンテルンがらみの「陰謀」諸説

ユン＝ユン・チアン　T＝田母神俊雄　N＝中西輝政　W＝渡部昇一　F＝藤原正彦

要旨（論者）	年/月	秦のコメント（確度）
1．張作霖爆殺の犯行はソ連工作員。（ユン，T，N）	1928/6	首謀者は関東軍の河本大作であることが確定的（99％）
2．盧溝橋事件の第一発は中国共産党の謀略。（T，N，F）	1937/7	第一発は中国第29軍の下部兵士による偶発射撃（80％）
3．第二次上海事変は張治中（秘密党員）の陰謀。（ユン，N，W，F）	1937/8	証拠がない（80％）
4．日本はル米大統領のしかけたワナにはまり、真珠湾を攻撃。（T，N，F）	1941/12	学問的には否定されている（98％）
5．ハル・ノートはコミンテルンに指示されてホワイトが起草した。（T，N，W，F）	1941/11	ホワイトは起草者ではない（98％）
6．ル大統領はフライング・タイガース（100機）を中国に派遣、開戦の1か月半前に日本を航空攻撃。（T，F）	1941/10	そうした事実はない（100％）

ことがわかってきました」（田母神俊雄）

このような一連の断定的論調に対し、大多数の歴史家は非生産的だと判断したのか論争を回避したが、ある種の危機感から応戦する人もいた。他ならぬ私もその一人だったが、論点はあまり噛みあわなかった。ひとつには相手方が目標を事実や因果関係の論証よりも、汚名返上とか精神覚醒といった政治的次元でのキャンペーンを優先したせいでもある。

したがって論争は未決着のままに推移しているが、今後もむし返される可能性もあるので、表1を参照しつつ張作霖爆殺事件から日中戦争の発端を経てハル・ノートに至る一連のコミンテルン陰謀説の構図を見ていくことにしたい。

張作霖を殺したのはソ連工作員？

出発点になる張作霖爆殺事件の概要は学術論文ばかりでなく、多くの歴史書や一般書に書かれているので選択に迷うが、まずは高校生用の教科書では最大のシェアを占める『詳説日本史』（山川出版社）から、事件の記述部分を引用する。

張作霖軍が国民革命軍に敗北すると、関東軍の一部に、謀略によって張作霖を排除して満州を直接支配するという考えが台頭してきた。一九二八年六月、関東軍は中央にはからず独断で、満州へ帰還途上の張作霖を奉天郊外で列車ごと爆破（中略）事件の真相は国民に知らされず、**満州某重大事件**とよばれた。本来は軍法会議によってきびしく処断すべき事件であったにもかかわらず、田中内閣は犯人不明ということにして首謀者の河本大作大佐（一八八三—一九五三）を停職にしただけで一件落着とした。この処置をめぐって田中首相は天皇の不興をかい、一九二九年（昭和４年）に内閣は総辞職した（爆破現場の新聞写真を添付）。

他の教科書や歴史辞典のたぐいも大同小異の記述ぶりで、一行足らずにすぎない河出書房新社版の『日本史年表』でさえ「張作霖関東軍の謀略で爆死」と記す。河本の名を出すか出さないかの違いはあるにせよ、この半世紀ばかりは動かせない歴史上の事実として受け入れられてきたと言ってよい。

少し補足すると、張作霖は満州の小馬賊から身を起こし、日本の庇護下で満州を支配する地方軍閥の雄に出世する。一九二七年中国本部へ進出して大元帥を名のり、中華民国の元首となるが、その地位は一年しか保てなかった。

蔣介石のひきいる国民革命軍が中国南半を確保したのち、全土統一をめざす北伐に乗り出したのは二八年春である。当初は南軍との決戦を呼号していた張は日本政府の勧告を容れ、北京を発し古巣の満州へ帰還する途中、奇禍に遭ったのである。

異説が突如として出現したのは二〇〇五年、文化大革命期における一家の受難を描いて世界的ベストセラーとなった『ワイルド・スワン』の著者ユン・チアンがジョン・ハリデイとの共著で『マオ―誰も知らなかった毛沢東』(*Mao The Unknown Story*, 2005)を刊行したのが、きっかけであった。

邦訳も原著と同じ二〇〇五年に発売され、日本でもかなり広く読まれたが、毛沢東と中共革命のイメージが変りかねない初耳の「新事実」が頻出したものの裏付けの取りにくい情報が多かったため、専門家でさえ論評をためらう傾向が見られた。張作霖を殺したのはソ連の工作員だったとする新説は、この著作の第一六章「西安事件」の本文中の注にさりげなく登場する。

邦訳でも三行にすぎないので、そのまま引用すると「張作霖爆殺は一般的には日本軍が実行したとされているが、ソ連情報機関の資料から最近明らかになったところによると、実際にはスターリンの命令にもとづいてナウム・エイティンゴン（のちにトロツキー暗殺に関与した人物）が計画し、日本軍の仕業に見せかけたものだという[4]」とある。

張作霖

では典拠は何か。著者は注の注の形で、GRU（ソ連赤軍情報総局）資料に依拠して書かれたコルパキディとプロホロフの共著『GRU帝国』（二〇〇〇、邦訳なし）が出所だと短く付言しているにすぎない。一九二八年の爆殺事件を、張学良が蔣介石総統を一時監禁した一九三六年の西安事件にからめて簡略にしか扱っていないことは、ユン・チアンがプロホロフ情報をさして重視していなかったことを物語る。
しかし日本では、彼女が想像もしなかったであろう強烈な反応が起きた。数例をあげてみる。
「(もしこれが本当なら)20世紀の国際関係史は根本的に見直しを迫られる」(松原隆一郎、『朝日新聞』06年1月15日付の書評)
「日本人読者があっと驚くような文書……もしこれが事実であれば、日本の近代史も多少修正を余儀なくされるのではないか」(猪木武徳、『文藝春秋』06年2月号の書評)
「もし『マオ』の論証通りであるとすれば―つまり張作霖を爆殺したのは日本軍でなかった―とすれば、この一点だけで、きわめて大きな歴史の書き換えが必要となる」(中西輝政、『諸君!』06年3月号)。

ロシア語で書かれた原著も照合しないうちに、興奮度がぐんぐん高まっていくようすが見てとれるが、いくばくもなく熱気を醒ます情報が届いた。内藤産経新聞モスクワ支局長の取材に応じた当の原著者プロホロフ(45歳のフリーの歴史家、共著者のコルパキディはジャーナリスト)が「これまで未公開の秘密文書を根拠としているわけではない」と断ったうえで、関係者の回想録や公開文書などを「総合し分析」した結果、張の爆殺は「ソ連の特務機関が行ったのはほぼ間違いない」と説明した（『正論』06年4月号）。

ほぼと条件付きなのが気になるが、プロホロフ説の要点は、スターリンの命令でGRUとNKVD（KGBの前身）の工作員サルヌインとエイティンゴンが一九二五年にも張の暗殺を企て失敗、二回目に成功したというにある。

内藤記者は将来に「裏付ける資料が出てくる可能性がないとはいえない」と結んだが、この記事にコメントを寄せた藤岡信勝は「どういうわけか、失敗した一回目の作戦の内容は詳しく語られているのに、成功した二回目の実行行為に関しては極めて抽象的にしか述べられていない」と述べ、「二回目は実行する前に関東軍が同じ事を実行したので、自分たちがやったように報告」した可能性を指摘した。当らずといえども遠くない推測といえようか。

いずれにせよ、泰山を鳴動させた張本人が、あっさり伝聞と類推の産物と自認したのだから騒ぎは決着しそうなものだが、そうはならないのが陰謀論の世界では珍しくない。

数年の時差を置いて、くだんの田母神論文は「ソ連情報機関の資料が発掘され……最近ではコミンテルンの仕業という説が極めて有力になってきている」と書いた。根拠として挙げられているのは『マオ』の他に『黄文雄の大東亜戦争肯定論』（二〇〇六）と桜井よしこ編『日本よ、「歴史力」を磨け』（二〇〇七）だが、後の二冊は『マオ』の受け売りだから、同じ回り灯籠を眺めたにすぎないとも言える。

ところが、ややトーンダウンしたとはいえ、応援団の面々はその後も「（中共の）洗脳工作によって河本大作は本当に『自分でやった』と信じていたのかも」（中西輝政）とか「先帝陛下までそれ（河本犯行説）を信じられて」（小堀桂一郎）とか、「河本大作や関東軍の上層部が、コミンテルンにそっくり取り込まれた上で実行した可能性も棄てきれない」（加藤康男）などと、ユン・チアンの麻酔効果は醒めていないらしい。[5]

私自身は田母神事件の直後に朝日新聞（08年11月11日）で、ソ連工作員説は「根拠となる確かな裏付け資料があいまいで、実証性に乏しい俗論に過ぎない」とコメントしてもらい、同様の見解を何度か発表してきた。しかし否定論をくり返すだけでは説得性が足りないようなので、発想を変え犯人＝河本大佐（関東軍）という定説の確度を再確認することで、解答を引きだしてみたいと考えた。

河本の犯行を示す八つの確証

定説として固まっているだけあって、適格の関係文献は少なくないが、私なりに確度が高いと判断した主要な第一次資料を次に列記して、必要な解説を加えることにする。数多い研究者の著書・論文は第二次資料になるので採用しなかった。(6)

1.『昭和天皇独白録』――一九四六年三月から四月にかけ、昭和天皇が松平宮内大臣、寺崎御用掛ら五人の側近へ語った筆記録が寺崎の遺品から発見され一九九一年、文藝春秋から刊行された。そのなかに「この事件の主謀者は河本大作大佐である……河本は日本の謀略を全部暴露すると云ったので、軍法会議は取止めと云うことになった……。田中内閣は右の様な事情で倒れた」（二二―二三ページ）とのくだりがある。

河本大作

2. 河本大佐の磯谷廉介中佐（参謀本部）あて書簡――爆殺の七週間前に当る一九二八年四月十八日付で、「張作霖の一人や二人ぐらい、野タレ死にしても差支えないじゃないか。今度という今度は是非ヤるよ。止めてもドーシテモ、やってみる」と書いている。張殺害の決意を打ち明けたものと見てよい。出所は磯谷家で、小林一博『「支那通」一軍人の光と影―磯谷廉介中将伝』（二〇〇〇）に書簡の全文が収録されている。

3．森克己博士のヒアリング――満州事変秘史の収集を参謀本部から依頼された森克己建国大学教授が一九四二年から四四年にかけ、関係者三十数名から聴取したなかに河本大作がいた。聴取の日付は42年12月1日大連の河本邸にて、とある。戦後に中央大学教授となった森の著作集の第六巻『満州事変の裏面史』（一九七六）に、河本らの聴取記録が収録されている。

そのなかで河本は村岡関東軍司令官の意を汲み、「先ず親分たる張作霖を斃して彼等の戦意を挫くより外に途はなしとの結論に到達」して、爆殺計画を練り実行に移した経過を詳細に語っている。

しかし列車のスケジュールを確認するために派遣した将校、仕かけた爆薬のスイッチを押した東宮大尉、桐原工兵中尉、補佐した参謀の尾崎少佐、川越大尉らは彼らの多くがまだ現役将校として健在だった事情に配慮してか、実名を出していない。

4．川越守二大尉（のち中将）の回想記――一九六二年に防衛庁戦史室の依頼で執筆された。河本を補佐して張爆殺の準備に当ったが、その中に「六月二日夜、河本は工兵第二〇大隊の中尉を同行して満鉄のクロス地点で爆薬を装置」と記述している。

5．尾崎義春少佐（のち中将）の回想録――河本の部下で警備参謀の任にあり、爆破現場を往来した。著書の『陸軍を動かした人々』（一九六〇）に「もしこの爆破が不成功に終れば……私が警急集合中の部隊を率いて襲撃することになっていた……列車が交叉点に達すると、東宮大尉はスイッチを入れる。轟然たる大音響と共に張の列車は転覆した」とある。

6．森島守人（奉天領事）――著書の『陰謀・暗殺・軍刀』（一九五〇）に「電流のスウィッチを押したのが……東宮大尉だったこと、陰謀の黒幕が関東軍の高級参謀河本大作だったことは、東宮自身が私に内話したところ」と記述している。

7．河本大作の獄中供述書――河本が太原の戦犯管理所における尋問で陳述した記録で、中国語の原文は一九八八年に刊行され、要点の邦訳は九七年に紹介された(7)。詳細にわたり他の第一次資料とも整合するので、もっとも信頼性が高いと判断されるが、中国共産政権時代の獄中供述という難点がある。

8．桐原貞寿中尉が撮影した一連の写真記録――爆破炎上の現場を挟んで、爆破前から張作霖の葬儀に至る過程を撮影した二十数枚の写真。それは一味の神田泰之助中尉が張の搭乗車の残骸上に立つコマや、葬儀に出席しているコマをふくむから、これほど裏付けが確かな写真も稀であろう。この写真は桐原（のち藤井と改姓）の遺族から防衛庁戦史室へ寄贈された。

本人の「自白」をふくめ、これだけ証拠がそろうのは裁判でもめったにあるまい。ヘンリー・フォンダが主演する陪審員裁判なら、12―0で有罪評決が決まるのではないだろうか。

ミステリー小説では、犯行の動機を持つと思われる者をまず疑うのが定石とされている。それをあてはめると、当時の情勢下で動機があると目されたのは日本、国民革命軍（蔣介石）、ソ連の三者で、実際に事件直後の現場周辺では種々の思惑を秘め、この三説が乱れ飛んだ。

事件の第一報は六月四日に関東軍の奉天特務機関から参謀本部へ舞いこんだ「張作霖の列車南方便衣隊により爆破せらる。張負傷す」という公電で、日本当局は各国記者団へもこの主旨で説明した。南方便衣隊とは蔣介石（南軍）が派遣した工作員を指し、直後に現場付近で警備の日本兵が刺殺した二人の中国人（一人は逃亡して張陣営へかけこむ）が懐中していた命令書が証拠として開示された。

しかし河本らが用意しておいた偽装工作は、間が抜けていた。事件当日に奉天へ着いた野党の民政党議員団（松村謙三ら六人）は、その命令書は日本流の漢文だと中国側の調査委員から指摘され困惑したと林久治郎奉天総領事から聞く。さらに興奮した林は、「ひどいことだぞ、陸軍の連中がやったんだ」(8)とも語ったという。

その林は六月十三日に外務本省へ「事件を日本側の所為とする流説等」(9)について報告しているが、大阪朝日新聞の奉天特電（六月五日）も「日本人の所為なりとの風説が流布され……一人としてこれを妄信せざるものなく」と報じた。

日本の新聞でさえ暗に風説を肯定するかのようなトーンだから、第三国のメディアがさらに露骨な報道ぶりとなってもふしぎはない。ロイター電は、英軍事専門家の鑑定だとして、「強力な爆薬二〇〇ポンド以上を熟練した工兵の手で少くとも六時間かけて仕掛けられたもの」と報じる。犯人は関東軍と名ざししたのも同然であった。

また上海のチャイナ・ウィークリー紙は、導火線が近くの日本軍仮小屋まで引かれていたと書いたが、ソ連のアヴァリンは「(日本の新聞は）今回に限っては、張作霖と事を構えていたモスクワないしは南京に罪を転嫁するという常套手段は試みようともしなかった」と皮肉まじりで論評した。[10]

どうやらソ連工作員説は事件から七十年後にプロホロフが持ちだすまでは、ソ連でも無視されていたようだが、有力な助っ人が現われた。ほかならぬ中西輝政で、それを裏づける材料としてイギリスのＭＩ12Ｃ（陸軍情報部極東課）による「ソ連が主役(protagonist)」だったという一九二八年十月の報告書（文書番号はＷＯ１０６／５７５０）を持ち出したのである。

出典は示されていなかったが、私は二、三の関係文献を当ってアントニー・ベスト教授の『一九一四―一九四一年の英諜報とアジアにおける日本の挑戦』[11]（二〇〇二）らしいと見当がついた。

私は名だたる英情報機関のことだから、いずれ誤った情報判断を修正したはずと想像していたが、予想どおりだった。しかもベストはＭＩ12Ｃ報告を引用したあと、ひきつづき同じページで次のように記述していたのである。中西は見落したのだろうか。

事件からしばらく事態は不明瞭だったが十月十二日にＭＩ12Ｃは、確証はないとはいえ主役はソ連の可能性がもっとも高いと結論した。しかし一九二九年に入り東京の英大使館は別の推定に達した。

すなわち暗殺は関東軍の一部によって遂行されたということであるが、（日本の）外務省はあまりにも衝撃的であり、日英関係への影響を懸念して他の部局には知らせないと決定したと、ある高官は述べた（出所は1929年3月23日付のティリー駐日大使発チェンバレン外相あて113番電、FO371／13889など）。

すでに東京の英大使館は事件の第一報となる六月十五日付の報告で、「日本陸軍は南軍の仕業と発表しているが、大連駐在領事によると、中国人や外国人の多くは日本人が爆殺したと推測しているよし[12]」と伝えていた。必ずしもソ連主犯説に固まっていたわけではないことがわかる。日本政府と軍中央が河本の自白などで確証を得たのは二八年末で、その後も部外秘が保たれていたため、英大使が二九年三月に確報をつかんだのはおそすぎるとは言えないだろう。

日本国民の大多数は東京裁判[13]まで事件の真相を知らされず、「知る人ぞ知る」ですんだわけだが、同じ条件は満州事変から一九四五年の敗戦の日までつづいていくことになる。

満州事変から日中戦争へ

軍法会議は免れたものの、予備役に編入され陸軍を去った河本大作は、浪人の立場で三年後に満州事変の陰謀に参画した。満州の獲得は日露戦争後における日本陸軍のいわば「一般意思」でもあったが、次の陰謀の立役者はやはり関東軍参謀の石原莞爾中佐と板垣征四郎大佐であった。

張作霖爆殺事件から得た教訓で手直しはしているが、関東軍の手で満鉄線を爆破して中国側の仕業に偽装する手法は同じだった。一九三一年九月十八日夜の柳条湖事件から半年で満州全土を制圧して、満州国というカイライ国家を樹立する過程は、事前に「謀略により機会を作製し軍部主動となり国家を強引する」(14)と書いた石原の筋書どおりに進行した。

成功した謀略のスタイルは模倣されやすいが、満州事変の「大成功」によって軍刑法による処罰どころか、関係者を出世させたことも影響して、満州事変から華北進出を経て日中戦争に至る数年、追随者たちによる類似の陰謀事例が続発する。

一九三七年七月、北京郊外で日中両軍が衝突した盧溝橋事件が起きたとき、石原莞爾少将は参謀本部作戦部長の要職にあったが、第一報を聞いて永津参本支那課長と現地軍の和知参謀が合作した陰謀ではないかと疑った。(15)中央の統制に服しない軍人たちの功名争いが高じた結果、彼らの間でさえ疑心暗鬼の心理が生れていた状況が知れる。日中戦争の発火点となった事件の詳細は既存の諸研究にゆずり省略するが、争点に絞って概観したい。

宛平県城に近い荒地で夜間演習中の支那駐屯軍の清水中隊が、永定河の堤防方向から二回にわたり十数発の射弾を受けたのは七月七日の暗夜だった。その後両軍が対峙する間に、日本軍の特務機関と宋哲元（第二十九軍長）の地方政権との交渉が進む一方、現地停戦協定が成立した七月十一日に日本政府の華北派兵が声明され、七月末に日本軍は北京を占領した。

八月には戦火は上海へ飛び、決戦正面をこの地域に択んだ蔣介石は国民政府軍の精鋭を投入、苦戦に陥った日本海軍陸戦隊を救援するため陸軍の大兵力が派遣され、日中全面戦争へと発展する。しかし首都南京を失った蔣政権は漢口ついで重慶へ首都を移しながら抗戦をつづけ、百万に近い日本軍は中国大陸へ釘づけになったまま一九四一年末、アメリカとの戦争に突入する。汪兆銘を首班とするカイライ政権を作りながらも、蔣政権との和平工作も試みたが、蔣介石は応じなかった。

泥沼化した長期戦で、結果的に漁夫の利を得たのは中国共産党だった。満州事変前後の蔣介石は対日抵抗よりも対中共の討伐戦を優先する。追いつめられた共産軍は「大西遷」によって陝西省の山奥（延安）へ落ちのび、一九三五年末には兵力一万余のゲリラ集団にすぎなかったが、西安事件を契機に一致抗日を旗印とする国共合作が進む。

そして「抗戦八年」の間に着々と勢力を拡大した中共党は、戦争終結の直後から再開した内戦で勝利を収め、四九年には中国全土を統一した中華人民共和国が誕生する。

日中戦争期から蔣政権への軍事的、経済的援助をつづけ、戦後の東アジアで日本に代る指導的地位を期待していたアメリカの失望感は大きかった。いわゆる「中国の喪失」(loss of China) であるが、大きな失敗の後は、スケープゴーツが必要とされる。中共の逆転勝利を招来したとして、ルーズベルト政権内の容共分子やスパイの責任を追及する「赤狩り」（マッカーシー旋風など）が吹き荒れた。

戦後の日本でも似たような理由から、中共の仕掛けたワナに日本も蔣政権もはめられたとする自慰的な解釈を説く人が少なくなかった。とくに日中戦争の発端となった盧溝橋事件については、東京裁判で現場事情を知る日本側証人が中共謀略説を示唆していらい、それを信じこむ人がふえていく。

私はかつて盧溝橋の第一発と、その後の拡大をはかった犯人をめぐる関係者や歴史家の諸説を整理して、次のように仕分けしたことがある[16]。

1. 日本人説
2. 第二十九軍説
3. 第三者説

(a) 藍衣社など国民党系の特務
(b) 西北軍閥系の諸分子
(c) 中国共産党
(d) その他

転機が来たのは一九八七年である。前年に現場の第二十九軍大隊長だった金振中の手記が発表され、彼はもう時効だと思ったのか、部下の中隊を永定河の堤防に配置し夜間演習中の日本軍が接近してきたら射ってよろしいと命令していた事実を明らかにした[17]。

実際に起きた射撃を私が偶発と判定したのは、乱射乱撃に至らず十数発の散発で終ったからである。ついでに中共説も再検討してみたが、劉少奇書記ら中共北方局の幹部は延安の白区会議に出席するため北京地区を留守にしていて、事件の直後は残留した「一万人の党員やシンパ」を脱出させるのに大忙しだった実状が判明した。また事件の翌日付で党中央が発出した「即時対日開戦」のアピールが間接証拠と目されてきたが、実は八月十三日頃の「通電」だったことも知れた。

しかし今でも中共謀略説は一定の人気を保っている。よく引用されるのは、元中共軍将校だったと自称する葛西純一の「幻の政治課本」説、劉少奇自身が謀略の張本人と認めたとされる「幻の記者会見」などだが、いずれも臆測か思い違いである由来は、拙著の『盧溝橋事件の研究』（一九九六）に詳述したので、ここでは省略したい。

田母神俊雄は「盧溝橋事件にしても、中国軍が最初に発砲したことは今では明らかになっている」と述べたあと、「侵略どころかむしろ日本は戦争に引きずり込まれた被害者なのである」[18]と断じる。

さらに飛躍して「実は蔣介石はコミンテルンに動かされていた……目的は日本軍と国民党を戦わせ、両者を疲弊させ、最終的に毛沢東共産党に中国大陸を支配させることであった」[19]と結論づけた。「シナ事変をはじめたのは中国側で、泥沼に引きずり込んだのはアメリカとイギリスでした」[20]と論じる渡部昇一史観と同工異曲かもしれない。

因果関係を説明するのに、結果から原因へさかのぼる安直な論法だが、コミンテルン陰謀論者の間では珍しくない。蔣介石ばかりかルーズベルトや東条英機さえも被害者に仕立てられるのだが、さすがに直取引は説得性が弱いと考えてか、側近や部下たちのシンパやスパイに踊らされたという構図にする例が多い。

たとえば三七年八月の上海戦では『マオ』が「史上最も重要な働らきをした」と評価した張治中将軍が登場する。張は一九二五年、黄埔軍官学校の教官時代に共産党の秘密工作員となり、三七年には上海正面の防衛司令官に就任する。そして蔣の制止を振り切って上海の日本軍へ総攻撃をかけたが、それは日本と国民政府を戦わせようとするソ連の意向に沿ってのことだったとユン・チアンは書いた[21]。

張治中が一九四九年、蔣の命で中共党と和平工作に当った国民党代表団（六人）に加わり、「六人すべてが共産側に寝返るという頼りない代表団だった」[22]と蔣介石がこぼした事実から思いついた空想かと思うが、かといって彼が秘密工作員ではなかったという証拠も出しにくい。

なぜなら国民革命の初期にはソ連の影響力が強く共産党員は国民党員を兼ね、離合をくり返した歴史があるからだ。たとえば毛沢東は国民党宣伝部長汪兆銘の部下として部長代理を勤めた時代があった。またソ連の支援で開校した黄埔軍官学校の校長は蒋介石、政治主任は周恩来で、教官の張治中は周から共産党へ入党を勧められたと本人がのちに回想している。[23]

上海戦に関しても、日本軍が北支から南下すれば中国は東西に分断され不利になると判断した蒋介石と参謀本部は有利な上海を決戦正面に選び、敗れても西方の奥地へ日本軍を引き入れる戦略をとった。この大戦略は最終的な対日戦勝利への決め手になったと、『蔣介石秘録』や息子の蔣緯国が書いた『抗日戦争八年』は特筆大書している。

張治中の暴走がなかった事実も、蔣自身が「(八月)十三日深夜、張治中にたいし、総攻撃を指令、全面抗戦に突入した[24]」と書いていることで明らかだろう。上海戦で敗れたあとも、張は解任どころか軍事委員会管理部長、総統侍従室主任、政治部長、西北軍政長官と要職を歴任し、一貫して蔣の信任は厚かった。

その蔣介石主席は南京陥落を目前にした十二月四日、日記に「日本もソ連もみな中国を戦場とし、中国をそのいけにえにしようと考えているのだ[25]」と書いた。そのころソ連は国民政府に軍事援助を供与する唯一の大国だったが、ソ連の野心に対する警戒心を中国が忘れていなかったことがわかる。

ルーズベルト陰謀説とは

そのソ連にとって共産党の下請け的な国際宣伝部門にすぎないコミンテルンが、虚実とりまぜて有名になりすぎるのは必ずしも歓迎できない事態だった。そこで第二次大戦に突入して連合国の一翼に組みこまれると、米英の刺激を避ける必要もあって一九四三年、ソ連はコミンテルンの解散を宣言した。

そして諜報や謀略工作は、ライバルのＧＲＵ（赤軍情報総局）やＮＫＶＤ（ＫＧＢの前身）が担当するようになる。しかし、その後も混同されることが多く、日本で活動したゾルゲ・スパイ団はＧＲＵの系統だったが、尾崎秀実は自身をコミンテルン所属と誤信していたらしい。

ここでは混乱を避けるため、いわゆるコミンテルン陰謀説は便宜的に共産党、ＧＲＵ、外交機関などスターリンが指揮したソ連の対外工作を指すものとしておく。問題は他の諸国もおたがいに「騙したり騙されたり」の工作を仕掛けあう関係にあったなかで、ソ連だけが一方的に成功したのかどうかであろう。

たとえば「蔣介石もルーズベルトもコミンテルンに動かされていたが、忘れてならないのは、実は一番動かされていたのが日本の近衛内閣であった」[26]（中西輝政）という見方である。それが正しければ、コミンテルンは文句なしの勝者となるが、そう言い切れるのか。

第二次大戦で最大の人的損害（二千万人以上の死者）を出したのはソ連だが、その一因は事前に警報を受けながらドイツの対ソ攻撃を察知できず奇襲されてしまったことにあった。それでも立ち直って反撃に転じ対独戦に勝利するが、それは武器貸与法（レンド・リース）で供与された大量のアメリカ製兵器がなくては至難だったろう。ソ連はドイツ打倒を最優先したアメリカに利用されたという見方もできるわけで、少なくとも大戦末期に至るまでのソ連の収支決算を黒字とは評しにくい。

ただし日米戦争の仕掛け人がルーズベルトかコミンテルンだと聞かされれば、惨憺たる敗北を喫した日本人にとっては聞き流すわけにいかないのも人情であろう。なかでも、日本だけが悪者にされているという「東京裁判史観」に不満を抱いている人たちは、発信源の多くがアメリカ人だったこともあり、日本側記録との突き合わせや米国側の背景分析もせず、耳触りのよい情報をウノミにする傾向があった。

戦中、戦後のアメリカも、日本海軍機動部隊の奇襲で米太平洋艦隊の主力が壊滅する屈辱を味わった「真珠湾シンドローム」をひきずってきた。初期の米ソ冷戦でソ連や中共に出し抜かれたという焦慮や、フランクリン・ルーズベルト（ＦＤＲ）が一九三三年大統領に就任していらい二十年にわたり民主党政権がつづいたため、野党の地位に甘んじた共和党系の反感も影を落している。

この種の立場から近代史の通説に異説を立てる歴史家やジャーナリストは、「修正主義者」（revisionist）と呼ばれる。そのなかでもっとも持続性があり、人気も高いのがルーズベルト陰謀説であろう。

さまざまなバージョンがあるが、須藤真志は、整理すれば次の三種になると言う。[27]

1．ルーズベルト政権は日本の真珠湾攻撃を予測できるに十分な情報を得ていたのに、それをハワイの司令官たちへ伝えなかった。

2．ルーズベルトは個人的に真珠湾攻撃を知っていたにもかかわらず、日本の攻撃を成功させるため太平洋艦隊をオトリに使った。

3．ルーズベルトは経済的圧迫などによって挑発し、日本に対米戦を決意させた。

このうち1は怠慢ないし過失、2は故意の売国的裏切り行為という違いはあるが、ひとまとめにして「真珠湾陰謀説」と呼ぶこともできる。3は大統領に宣戦の権限がないので、日米交渉で日本に過大な要求を持ちだし、最後通牒ともいえるハル・ノートを突きつけて、日本からの開戦を仕向けたというもので、ルーズベルト挑発説とも呼べよう。コミンテルンが関与したかどうかで、さらに二系列に分けてもよい。

数多い陰謀論者はこの三種のどれかに所属するが、より具体的に全体像をとらえた説明はないものかと、あれこれ探してみたところ、やはり問題の田母神論文が要を得ているので、内容の当否は別として次に一部を抜き出してみる。

ルーズベルト政権の中には三百人のコミンテルンのスパイがいたという……なかでもハリー・ホワイトは日本に対する最後通牒ハル・ノートを書いた張本人であると言われている。彼は大統領の親友である（上司の）モーゲンソー財務長官を通じて大統領を動かし、我が国を日米戦争に追い込んでいく（中略）

ルーズベルトは戦争をしないという公約で大統領になったため、日米戦争を開始するにはどうしても見かけ上日本に第一撃をかけさせる必要があった。日本はルーズベルトの仕掛けた罠《わな》にはまり、真珠湾攻撃を決行することになる。

まことに単純明快な論旨だが、刑事裁判では状況証拠をいくら積みあげても、一個か二個の確定的証拠がないかぎり有罪にはできない。その条件を満たしているかについて、まず代表的な真珠湾陰謀説、ついでルーズベルト挑発説の順に検討してみよう。

トーランドとネイヴ

真珠湾攻撃の直後からアメリカは数回にわたり調査委員会を設け、奇襲され大損害を受けた責任の所在を徹底的に追及した。

早々に現地司令官のキンメル提督とショート将軍が「職務怠慢」の責任を負って退役したことに対し、大統領や陸海軍中央部も一部の責任を負うべきだという異論はあったが採用されなかった。戦争終結後もキンメルらの名誉回復をはかる運動はつづき、半世紀後の二〇〇〇年に議会決議は通ったが、クリントン大統領が署名を拒んだため流れてしまう。

代表的な真珠湾陰謀本は表2にかかげたが、戦争終結から十数年の第一期に続出した

表2　真珠湾陰謀説の諸文献

著　者	原書名（発行年）	訳書名（発行年）
モーゲンスターン (G. Morgenstern)	*Pearl Harbor*（1947）	『真珠湾』（1999）
ビアード (Charles Beard)	*President Roosevelt and the Coming of the War, 1941*（1948）	
タンシル (C. Tansill)	*Back Door to War*（1952）	
シオボールド (R. Theobald)	*The Final Secret of Pearl Harbor* (1954)	『真珠湾の審判』(1954)
キンメル (H. Kimmel)	*Admiral Kimmel's Story* (1955)	
フィッシュ (Hamilton Fish)	*Tragic Deception : FDR & America's Involvement in WWII*（1983）	『日米開戦の悲劇』(1985)
トーランド (John Toland)	*Infamy*（1982）	『真珠湾攻撃』(1982)
ラスブリッジャー・ネイヴ（Rusbridger and E. Nave）	*Betrayal at Pearl Harbor* (1991)	『真珠湾の裏切り』(1991)
スティネット (Robert Stinnett)	*Day of Deceit*（1999）	『真珠湾の真実』(2001)
アームストロング (Alan Armstrong)	*Preemptive Strike*（2006）	『「幻」の日本爆撃計画』（2008）

顔触れを眺めるとキンメルや部下だったシオボールドのような名誉回復を願う軍人、ビアードやフィッシュのように反民主党で知られる論客が目につく。

内容は同工異曲で、奇襲された責任の一部ないし大部はワシントン、なかでもトップの大統領が負うべきだという論点は共通していた。とくに戦時中は秘匿されていたが、東京と日本の駐米大使間の暗号通信を解読した「マジック」情報を大統領や陸海軍長官ら数人に回覧させていた事実が明らかにされると、真珠湾攻撃の意図を予知しえたはずだという思いこみが生れた。

実はアメリカの暗号専門家たちが読めたのは日本外務省の外交暗号であり、海軍暗号が解けるようになったのは一九四二年春頃以降だった。しかも日本海軍は真珠湾攻撃の計画が洩れぬよう重要文書は伝書使で運び、千島列島のヒトカップ湾から真珠湾へ向い出撃した南雲機動部隊には厳重な無電封止を命じ、電信員が誤まってキイに触れぬよう封印しておくほど注意を払っていた。

それでもキンメルが手持ちの哨戒機八十二機でハワイ周辺の哨戒飛行を実施していれば、奇襲前日に発見して返り撃ちにするのが可能だったのに、それを怠った。四一年十二月七日（米国時間は六日）の土曜日も艦隊乗員の半数が週末の休養に上陸して無警戒のまま翌朝、日本艦載機の奇襲攻撃を迎えたのである。[28]

ワシントンもハワイも、予想していた日本の武力発動はタイ、マレー半島あるいはフィリピンに向かうだろうと判断していたとはいえ、ハワイの司令官が周辺の警戒を怠らなければ惨事は起きなかったことは明白である。こうした事情が判明するにつれ、論争は下火になっていく。その後も真珠湾を予知していたと称するあやふやな伝聞情報が次々に登場しては消えていくが、そのなかには米大統領ばかりかヒトラー、スターリン、蔣介石、チャーチルなど超大物の名もふくまれている。

もっとも、空母艦載機による真珠湾空襲の可能性は他ならぬ日米両海軍の作戦家にとっては、さして珍しくもない発想ではあった。真珠湾攻撃の主唱者である山本五十六が一九二八年に水雷学校での講話で口にしているし、海軍大学校の図上演習ではこの種の冒険的作戦を試みる学生が毎年のようにいたという。米側も同様で一九三二年の海軍演習では、ヤーネル提督の指揮する空母機が真珠湾の奇襲に成功し、三八年にも同様の試みがあった例が記録されている。(29)

しかしプロの軍人であるほど、真珠湾攻撃は投機的でリスクの高い作戦だと理解していた。日本海軍でも最初は山本の提案に賛同した幹部は皆無に近かったし、米海軍は明治いらい日本の伝統戦略が日本近海における迎撃決戦であることを承知していた。結果的に「裏の裏をかいた」のが、米側の油断を招いたといえよう。

表2にはトーランドを始めとして八〇年代以降に世評を賑わせた第二期の代表的なバージョンも列記しておいた。目玉と言える要所を見ると、責任論から手のこんだ陰謀論へシフトしているが、いずれも読者を惑わせる巧妙（または稚拙）なトリックが仕組まれているので、トリック破りを主眼にした私のコメントを次に付す。

表3　真珠湾に関する正統派の文献

著　者	原書名（発行年）	訳書名（発行年）
ビュートー (Robert Butow)	*Tojo and the Coming of the War* (1961)	
ウールステッター (R. Wohlstetter)	*Pearl Harbor : Warning and Decision*（1962）	『パールハーバー』 (1987)
ホルムズ (Wilfred Holmes)	*Double-Edged Secrets*（1979）	『太平洋暗号戦史』 (1980)
プランゲ (Gordon Prange)	*At Dawn We Slept*（1981）	『真珠湾は眠っていたか』（1986）
レイトン (Edwin Layton)	*And I was There*（1985）	『太平洋戦争暗号作戦』（1987）
今野勉 (Tsutomu Konno)	『真珠湾奇襲・ルーズベルトは知っていたか』（1991）	
ブディアンスキー (S. Budiansky)	*Battle of Wits*（2000）	
秦郁彦（編） (Ikuhiko Hata)	『検証・真珠湾の謎と真実』 (2001)	

代表的な正統派の著作（表3）とあわせ、参考にしてほしい。次に表2からいくつかの事例を順番に見ていくことにしたい。

1　トーランド『真珠湾攻撃』

a　真珠湾攻撃の数日前に米本土西岸の海軍区で日本海軍の電波を傍受していた水兵（オッグ）が、日付変更線に近いハワイ北西海面にある艦船を探知し、それは上官を経由して大統領まで届いたとされる。オッグはのちに南雲艦隊かと思いあたった（トーランドの聴取）。

b　一九四一年十二月二日、ワシントン大使館のオランダ海軍武官ラネフト大佐は米海軍情報部を訪ねたさい、日本領南洋群島のマーシャル諸島に二隻の日本空母が所在することを示す地図を見せられた。

気になった大佐は六日に再訪して先日の空母について聞くと、ホノルルの西方にいるが防御任務らしいと説明されたことを日記に書きこむ。のちにラネフトは、真珠湾を攻撃したのはこの空母にちがいないと思いこむようになる。

c　蘭印軍総司令官のポールテン将軍は同じ頃に通信傍受で、日本艦隊が千島列島、台湾海峡、海南島に集結していると知り、ソープ米准将を通じ、スチムソン陸軍長官、大統領へ伝達された。ちなみにハワイを攻撃した南雲機動部隊は、千島南部から出撃している。

テレビプロデューサーの今野勉は、オッグ、ラネフト、ポールテンの元部下に取材した結果、いずれも証拠不足でトリックもあったと気づく。そしてオッグやポールテンが傍受した電波は波長や方向から艦船ではなく、日本本土の陸上通信所が発信源らしいと論証した。(30)

また須藤真志はトーランドがラネフト日記にあるホノルルの西方を北方と書き換えたのはオランダ語からの誤訳か、南雲艦隊が北方からハワイを攻撃した事実に合わせるための作為かと疑う。ついでに「著書刊行後の合評会で〈誤訳を〉指摘されたトーランドが青くなって卒倒した」[31]エピソードを紹介している。実際には、そのころマーシャル海域には日本の空母は存在しなかったから、まさに「幻の空母」だったことになる。

著者のトーランドはピュリッツァー賞をもらったこともある作家だけに「かなり説得力があったし一般読者を魅了」し、一時は少なからぬ信奉者を得たが、正統派の歴史家たちから批判の声を浴び「陰謀論を証明することにはならなかった」という須藤の評価に私も賛成したい。

2　ラスブリッジャー・ネイヴ『真珠湾の裏切り』

著者のネイヴは、英海軍の暗号解読機関であるＦＥＣＢの将校として長く香港に勤務した。ラスブリッジャーは、ネイヴの体験を聞きとってまとめる立場のジャーナリストである。

出版前の宣伝では、香港のＦＥＣＢが一九四一年十一月二十五日に、山本連合艦隊司令長官の「機動部隊は十一月二十六日朝、ヒトカップ湾（千島列島）を出撃、十二月四日待機地点に進出して速やかに燃料補給を完了せよ」という南雲中将あての命令電を傍受解読したとされていた。本国経由で米大統領まで通報されていたら、真珠湾陰謀説の証拠となる。それと同文の連合艦隊命令が発出されたこと、南雲機動部隊がその通りの日程でハワイへ向ったのは戦後すぐに判明していた。色めきたった一人の今野勉は、すぐにオーストラリアで九〇歳の高齢ながら健在のネイヴのもとへ飛んだ。

ところが、ネイヴは、不審そうな表情でゲラ刷りに目を通し「私は初めて見たが、こんな事実は知らない。共著者のラスブリッジャーにはいろいろしゃべったが、四一年の十一月に私は病気になって（故郷の）メルボルンへ帰っていたので、その頃のFECBのことは何も知らない」とのこと。[32]

つまりラスブリッジャーは、戦後に公表された日米の資料を使って、架空の物語に仕立てたわけでこれ以上は立ち入らないが、最近でもこの著作を引用した例を見かける。

ステイネットと幻の日本爆撃

3　ステイネット『真珠湾の真実』

著者は空母のパイロットだったブッシュ（父）大統領の下で戦い勲章ももらった勇士との触れこみだったが、実際は終戦時にやっと二〇歳の水兵で、戦後は地方紙のカメラマンという素姓。だが米国立公文書館の資料に依拠して本文三〇八ページに五九五個の注をぎっしり細字で詰めこんだのが、目くらまし効果を発揮したらしい。

従来の類書とちがい、アメリカの読書界では「初めからお終いまで間違いだらけ」（デービッド・カーン）と冷たくあしらわれたが、わが国では熱狂的に歓迎され記者や作家を派遣してインタビューさせる雑誌まで現われた。

いくつかの論評を引用すると、

「スティネットが暴露し、証明したルーズベルトの陰謀に手玉にとられた日本」

「精緻をきわめた手法には圧倒される思いだ」

「ぼう大な新史料の発掘によってこの論争にピリオドを打つもの」

といったぐあいだから、なみ大抵の舞い上りようではない。

彼らがこれほど興奮したのには、それなりの心理的理由があった。それまでの陰謀論はいずれも情況証拠の域を出ず、決め手に欠けていたため信奉者たちの欲求不満がうっ積していたとしても、ふしぎはない。そこへやっと決定的証拠が出現したという思いだったろうが、彼らが飛びついた「さわり」は何だったのか。

ここではスティネットの原文よりも、中西輝政の要約紹介(33)を引用したほうが便利だろう。

　連合艦隊、とくに空母機動部隊が気軽に「無電封止」の命令を無視し、南雲忠一長官自らごく軽い内容の連絡発信を何度もくり返している傍受史料や、機動部隊が日付変更線を越えハワイ近海に至るまでアメリカ側がほとんど連日、「今日はここまで進んだ」と逐一地図上で全て手にとるように日本艦隊の航行を把握していた、という新発掘の米軍情報史料を読まされると、日本人として何とも言えない哀感を禁じ得ない。

　もし本当なら南雲機動部隊はガラガラ蛇のような大音響をたてながら十二日かけて北太平洋をハワイへ向って航行していたことになるから、米側が奇襲される理由はないわけで、それを故意に放置していたとなれば、陰謀劇は完成することになる。

　原著から補足すると、真珠湾攻撃直前の二十一日間（11月15日～12月6日）に米海軍通信諜報班が傍受した日本軍電波は計一二九通、そのうち南雲長官の発信電は六〇通を占める。手にとるように刻々の位置を知るには十分すぎる数だが、原著に注意深く当ると、六〇通はすべてヒトカップ湾出撃前の電報であり、例示されている四通（11月18日

〜20日）の写真版（原著の五七ページ）に見える解読日付は、一九四六年四月となっている（傍点は秦）。

すでに書いたように、米海軍が日本海軍の暗号解読に成功したのは四二年春以降であり、開戦以前に傍受はしたものの解読できなかった電文は手空きになった終戦後にまとめて解読に着手したという事情がある。つまりスティネットは傍受と解読を故意か不注意で混同したと言える。それにしても、頭かくして尻かくさず式にトリックの証拠を写真版で掲載する神経は理解を超えるとしか言いようがない。

スティネット本の疑問点は他にもあるが、稚拙なトリックの手口は私をふくむ数人の専門家が分担してまとめた『検証・真珠湾の謎と真実』（二〇〇一）にゆずり、深追いはしないことにする。しかし類書のなかでも最低レベルのスティネット本にも功の側面があるとすれば、真珠湾陰謀論は成り立たないことが立証され、長年の論争にピリオドを打ったことであろうか。

このように表2に列記した真珠湾がらみの陰謀説は、人騒がせ以外の何物でもないとわかった以上、ルーズベルトは晴れて青天白日の身となるはずだが、そう簡単ではない。日本を挑発して対米戦へひきこむか、ひきこもうとした大統領の野望を解明し、追究しようとする論者たちのむなしい挑戦は今もつづいているからだ。

さすがに題材も品薄になってきて、めぼしいのは不発に終った日本爆撃計画とか、死にたえたスパイたちの「忠誠審査」ぐらいしか見当らないが、一応の検分はしておこう。

4 アームストロング『「幻」の日本爆撃計画』

米統合戦争委員会（ＪＢ）が一九四一年七月に日本爆撃計画を立案し、大統領の了承を得たＪＢ３５５文書の存在は一九八〇年前後から一部の研究者の間では知られていた。私もその一人だったが、さしたる関心は持たなかった記憶がある。

一九九九年に産経新聞が「歴史観覆す幻の爆撃」「中国機を装い　宣戦布告なし」(34)の大みだしで、問題の文書の全文を報じたが、あまり話題にならなかったのは結果的には不発の計画に終ったからだろうか。アームストロングは改めて一冊の大著に仕立てたのだが、とくに目新らしい情報は加わっていない。

蔣介石に依頼されてこの構想を米本国に持ちこんだのは、元米陸軍航空隊の大尉で一九三七年から中国空軍の育成に当っていたクレア・シェンノートで、大統領補佐官のロ一チリン・カーリーとともにルーズベルトやマーシャル参謀総長の説得に成功する。

武器貸与法《レンド・リース》（四一年三月）の枠で数百機の戦闘機や爆撃機（米軍を離役した義勇飛行士と一機撃墜ごとに五〇〇ドルのボーナス契約）とともに中国へ送りこみ、十一月一日以後に東京や大阪空襲が可能な体制を整備するというのがＪＢ３５５の骨子で、「ＯＫ、ＦＤＲ」という大統領の署名ももらった。

だがマーシャルもルーズベルトもあまり乗気ではなかったらしく、爆撃機は優先度の高い対英援助に転用されてしまい、届いたのは、フライング・タイガースと命名された約一〇〇機のＰ40戦闘機だけ、それもビルマで訓練中に日米開戦を迎え、十二月二十日、ラングーンに襲来した日本の爆撃機隊を迎撃したのが初空戦だった。

著者のアームストロングは対日先制攻撃が予定どおり実行されていたら、「日本の真珠湾奇襲は阻止されていたかもしれない」と述べ、訳者の塩谷紘は「（米は）日本と同じ穴のムジナで……果たして日本に事前に通告していただろうか」と同罪論を展開しているが、私には最初から「絵にかいた餅」も同然としか見えない。

なぜなら、供与予定のロッキード・ハドソン軽爆撃機の航続距離は三四〇〇キロメートル（ジェーン航空機年鑑）しかないのに、発進予定基地の珠州から東京までは二六六〇キロ、大阪でも二二二〇キロあるので、往復爆撃は不可能と言ってよいからである。

翌年四月のドーリットル隊による東京初空襲ではB25爆撃機を空母から発進させ、片道飛行で中国東部へ着陸させたぐらいで、JB355の立案者たちもシェンノートやカーリー（後述するヴェノナによればソ連のスパイ）の口車に乗ったものの、実用になる爆撃機がないことに気づき中止してしまったのだろう。

しかしこの種の「神話」は、往々にして一人歩きしてしまう。こともあろうに、航空専門家の田母神が「真珠湾攻撃に先立つ一か月半も前から中国大陸においてアメリカは日本に対し、隠密に航空攻撃を開始していたのである」と書いたのが一例である。

何をどう錯覚したのか不明だが、おそらく「爆撃する計画だった」のが、ウロ覚えの記憶のなかで「爆撃した」に変形したのではあるまいか。それにしてもアメリカ政府から「いつ、どこを爆撃したのか」と聞いてきたら窮したであろうが、空幕長の即時更迭で霧消したのは幸いだったといえよう。

ホワイトとハル・ノート

次に「ヴェノナ」（Venona）資料の副産物でもある、ハル・ノートがらみのコミンテルン＝ルーズベルト陰謀説を検討してみる。ヴェノナとはアメリカの通信情報機関（N

SAの前身）が、当時は准同盟関係にあったソ連の在米代表部と本国の暗号通信を傍受解読した作業を指す。傍受は一九四三年にスタートしたが、解読のほうは難航した。それでも三〇〇人以上のスパイやエージェントが政府や民間の各所に潜入している事実が少しずつ判明し、一部はCIAやFBIに摘発された。

ヴェノナ資料は一九九五年に情報公開されたが、すでに容疑者の多くは故人となっているうえ、前記のカーリー（一九五〇年コロンビアに亡命）のようにコードネームや流した情報の内容が確認されている例は意外に少なく、臆測だけが氾濫している。

容疑者のなかで一番の大物とされているハリー・ホワイトはすでに一九四八年、ソ連のスパイだったベントレーの告発で米議会において審問され、否認した直後に持病の心臓病で急死した。その後、元KGB幹部のビタリー・パブロフが回想録で、一九四一年五月頃ホワイトに会ってハル・ノートの素案を渡したと「証言」したことから再びクローズアップされ、それを足がかりにハル・ノートがソ連製らしいという臆測を根拠に「日米戦争はソ連の策略であった」とか「陰ではルーズベルトとスターリンは実はつながっていた」と主張する論者まで現われた[35]。

だが須藤真志は九七年のNHK番組でパブロフから、ホワイトと会ったのは初めての米国出張で昼食を共にしつつ話した一回だけ、日本の対ソ戦発動を防止する観点から「意見交換」したにすぎず、ホワイトはソ連のエージェントではないと断言したのを聞き出している。[36]

史実を突き合わせてみると、ホワイトは財務長官補佐官（のち次官）の職にあったが、モーゲンソー財務長官の信任が厚く、実質的なナンバー2と目された優秀なエコノミストであった。情報活動にも熱心で、福井義高によれば、蔣政権内部にもぐりこませたアメリカのエージェントを統轄していたという。[37]

一九四一年十一月、日米交渉の最終段階で、日米両国はとりあえず戦争突入を回避するための暫定協定案作りに取りくんでいた。米側は主管の国務省極東部が担当するが、モーゲンソーはホワイト（ともにユダヤ系）が起草した私案を極東部へ届ける。それはドイツ打倒を優先する立場から日本を宥和するため、二〇億ドルのクレジット供与とか日本の在米資産凍結（七月）を解除する条項をふくんでいた。

ところが大統領は十一月二十六日、日本の大船団が台湾沖を南下中という偵察機の報告を受けたせいか、方針を変えハル国務長官へ、日本軍の中国本土撤退をふくむ強硬な対日通牒を手交するよう命じた。一般には蔣介石やチャーチル英首相から暫定協定への反対意見が届いたのが、変心の理由とされているが、いずれにせよ「ハル・ノートとモーゲンソー案が別なものであることは両者を比べてみれば明らか」で、「ハル・ノートは間違いなく国務省極東部で作られた」[38]ものなのである。

近著のヘインズ、クレアの共著『ヴェノナ』（一九九九）は、ホワイト＝スパイ説に傾いているが、ブルース・クレイグは、ホワイトは米の国益に沿って行動しただけだと弁護する立場をとる。[39]

日米開戦前のアメリカは国際政治では中立の位置を占め、言論の自由が許されていたこともあり、政府、民間を通じ親英、親中、親ソ派のブランドを押された多彩な人脈が入り乱れていた。数は少なかったが、親独派や親（知）日派さえ存在したが、四一年十二月以降は敵国となったので影をひそめる。

コードネームをもらい秘密通信のルートを持つスパイかエージェントを除けば、多くはアメリカの国益を優先して行動したが、誤った判断をしたときは汚名を着せられる場合もあった。それでも後年に再評価されて、名誉を回復した例も珍らしくないが、その後もルーズベルト陰謀論の信奉者はあとを絶たず、反証をあげても通じない人が多い。

二、三の個人的体験を付け加えたい。ひとつは猛将として知られるハルゼー提督の「私物開戦命令」をめぐるエピソードである。

彼は真珠湾攻撃の九日前に護衛艦を伴った空母エンタープライズで、前進基地のウエーク島へ十二機の戦闘機（パトナム隊長）を輸送する任務についた。真珠湾出港の直後に彼は「本艦は常時臨戦体制をとるべし[40]」との戦闘命令を発出し、近付く敵性艦船や航空機は撃破せよと指示する。念頭にあったのは日本の潜水艦だったろう。

おどろいた作戦参謀が「個人的戦争」（private war）はだめです、と進言するや「俺が責任を取る」と言い返した次第を、戦後にハルゼーが回顧録に自慢話として書き有名になるが、実害が起きなかったせいか、おとがめはなかった。この「私物命令」の一部を日記に記入した戦闘機隊長のパトナム少佐がウエーク島を占領した日本軍の捕虜になり、雑誌『航空朝日』の一九四二年十二月号に訳出されたのを、小学校四年生の私は読んだ覚えがある。

一方、皇国史観で知られる平泉澄（東京帝大教授）は四三年夏に弟子筋の海軍士官からひそかにパトナム日記を入手して訳出し、一九六〇年前後から弟子たちを通じ、「邪悪なルーズベルト」がウエーク島を根拠に「日本の本土を襲撃する意図[41]」を持っていた新証拠だというキャンペーンを始めた。

二十年以上も前のことだが、ある学術研究会の席で、平泉系の研究者が「大統領は太平洋艦隊を犠牲にする覚悟だったが、さすがに惜しくなって、一部の飛行機をウエーク島に疎開させた」と発表した。そこで「ハワイより日本に近いウエークへ出すのを疎開と言えるのか」と質問したところ、講師はしばらく黙っていたが、やおら「見解の相違です」と言い放ち、私も返す言葉がなかった。ついでに書くと、東京とウエーク間は三二〇〇キロメートルあり、一九四四年から東京空襲を始めたB29重爆でも往復不能の遠距離にある。

「ルーズベルトは知っていた」というたぐいの話は、数えきれないほど出まわっているが、裏の取れない噂話のたぐいほど、説得力を発揮するものらしい。

一例をあげると、真珠湾攻撃の前日、家族と夕食中、電話で呼びだされ中座した大統領が戻ってくると、「戦争は明日始まるよ」と告げた物語がある。出所は、ルーズベルトの娘アンナの前夫が二十五年後に「隠しておくのはよくないから」とキンメル提督への手紙で知らせたものだという。

似たような例としてロックフェラー家の客間で日本艦隊の真珠湾攻撃の日どりを女た

ちが話していたとか、政府高官（名前は不明）が入院中、うわ言に「来させたのは大成功だったが、あれほどの大損害とは……」としゃべった話もある。(42)

この種の陰謀説にうんざりしてきた私は、ひと通り論者の言い分を聞いたあと「なぜ大統領は直前に全艦隊の真珠湾出港を命じなかったのか、そうすれば空撃ちになり、しかも対日参戦の口実も得られるのでは？」と問い返すことにしている。もちろん答は返ってこない。

本章の冒頭部で陰謀史観の「諸説をかき集めて一堂に並べた田母神のユニークな手法は、不十分ながらも体系化への流れを作ったことでインパクトを強め……昭和史の〈書き換え〉を迫る動きへ発展」しそうだと書いたが、その予想は当ったようである。

例としてベストセラーになっていると聞く最新刊の藤原正彦『日本人の誇り』（文春新書、二〇一一）を取りあげてみよう。

執筆の動機や狙いは田母神の「侵略どころか日本は戦争に引きずりこまれた被害者」「負けた戦争だからといって卑下することはない」「このままでは国が滅びるという思い」(43)、藤原の「東京裁判のおまじないが解けない日本人」「日本は戦う民族の精華を十二分に発揮」(44)などの片言で見当がつくように、よく似ている。

憲法改正、謝罪外交の中止、核武装のような政治目標も掲げているが共通するのは、日本が外から仕掛けられた諸陰謀の被害者だったと見たてる歴史認識である。たとえば表1に掲記した田母神のコミンテルン陰謀説五件のうち、藤原は四件をそっくり借用している。

相違するのは張作霖爆殺事件だ。田母神が犯人をソ連工作員としているのに対し、藤原は「河本大佐の個人的な策略で爆殺」と表現したが、わざわざ個人的と断わった理由はわからない。

表1以外の争点でも、

「満州事変は日本の正当防衛」
「いわゆる南京大虐殺はマボロシ」
「東京裁判は勝者の一方的な裁き」
「米占領軍のウオー・ギルト工作」

など両人の認識は一致しているのだが、微妙な格差もないわけではない。

田母神が戦前期日本の軌跡をほぼ全面的に容認しているのに対し、藤原は「百年戦争」の途中の一九一五年（対中国二十一か条要求）頃から、王道を外れて「禁断の道」

へ踏み出したと説く。日本の過去に対する部分否定と評してよいだろう。

「（東亜）百年戦争論」は、一九六四年に作家の林房雄が書いた『大東亜戦争肯定論』によって有名になるが、すでに日中戦争期からしばしばマスコミ紙上に登場していた。速戦速決の期待が裏切られ泥沼化した長期戦への覚悟を促すとともに、日本の免責をあてこんだといえる。

石原莞爾が「ペリーを呼んでこい」と叫んだのは好例だが、藤原も「満州事変頃から敗戦までを一くくりにした十五年戦争や昭和の戦争がありますが、このように切るのは不適切[45]」として、ペリー来航の一八五三年から講和発効の一九五二年までの約百年を「百年戦争」と呼んだ。

そして石原と同様に、ペリーに無理強いで開国させられた日本は、「弱いものいじめ」の帝国主義世界へ投げこまれ、その潮流に乗らざるをえなくなったと説く。「しかたがなかった」「お互いさまでしょう」という論理である。

しかし一九一五年以降の日本は、拙劣な外交の連続で敗戦というカタストロフへ転落してしまうが、よく戦って結果的に白人のアジア支配を食いとめたのを「大殊勲」と讃えることで田母神と合流する。

私には終戦の日の朝日社説をなぞった安直な「自慰」としか思えないが、部分否定を取りいれた藤原流の歴史観は、ナショナリスト陣営の主流的位置を獲得するのかもしれない。

(1) 田母神事件の経過や問題点については、月刊誌『WiLL』増刊の「田母神俊雄全一巻」(二〇〇九年八月)を参照。問題の懸賞論文や本人の新論文、応援団をふくむ関係者の論稿や秦の批判論文、秦・西尾幹二対談も収録されている

(2) "China outraged as Japan's sabre rattler calls for nuclear arms", by Michael Sheridan in Tokyo, *The Sunday Times* August 23, 2009

(3) A、B、C、は前掲『WiLL』増刊から。Dは『諸君!』09年3月号、Eは『WiLL』09年10月号より

(4) ユン・チアン、ジョン・ハリデイ、土屋京子訳『マオ―誰も知らなかった毛沢東』上巻(講談社、二〇〇五)三〇一ページ

(5) 小堀桂一郎、中西輝政『歴史の書き換えが始まった!―コミンテルンと昭和史の真相』(明成社、二〇〇七)二七、二一ページ、加藤康男『謎解き「張作霖爆殺事件」』(PHP新書、二〇一一)一〇ページ

(6) 詳細は秦郁彦「張作霖爆殺事件の再考察」『政経研究』44巻1号(二〇〇七)参照

(7) 中央档案館等編『九・一八事変』(北京・中華書局、一九八八)、邦訳は劉傑の解説により『This is読売』一九九七年一一月号に紹介された

(8) 松村謙三『三代回顧録』(東洋経済新報社、一九

六四）一二五—二七ページ

(9) 『日本外交文書—昭和期1第一部第二巻』（昭和三年）一四四ページ

(10) ヴェ・アヴァリン『列強対満工作史』（原書房、一九七三、一九三四—三五年刊の復刻）三八三ページ

(11) 前掲「田母神俊雄全一巻」の中西論文 Antony Best, *British Intelligence and the Japanese Challenge in Asia 1914-1941* (Palgrave, 2002) p.97

(12) Domer to Chamberlain, June 15, 1928 no. 272 (*British Documents on Foreign Affairs-Japan* 1928) p.112

(13) 東京裁判の判決文（1948年11月8日）は「河本大佐は、（張）元帥の殺害を計画……計画通り殺害」と断定した。河本から聞いたとする田中隆吉少将（元陸軍省兵務局長）の詳細な法廷証言（46年7月5日）を採用したものと思われる（法廷速記録）

(14) 「満蒙問題私見」（一九三一年五月）、角田順編『石原莞爾資料—国防論策』（原書房、一九七一）七八ページ。なお事件の詳細は「柳条湖事件の新証言」［秦郁彦『昭和史の謎を追う』上（文藝春秋、一九九三）第三章］を参照

(15) 秦郁彦『盧溝橋事件の研究』（東京大学出版会、一九九六）一七七ページ

(16) 同右、一七一ページ

(17) 同右「金振中回想記」（四〇一ページ以下）

(18) 田母神俊雄『自らの身は顧みず』（ＷＡＣ、二〇〇八）七ページ

(19) 同右、二一六ページ

(20) 渡部昇一『渡部昇一の昭和史（続）』（ＷＡＣ、二〇〇八）一五二ページ

(21) 前掲『マオ』、三四一—四三ページ

(22) 『蔣介石秘録15』（サンケイ新聞社、一九七七）、一〇四ページ。深堀道義は「（張が）心の中では共産主義に共鳴していたのか」と記す（深堀『中国の対日政戦略』、原書房、一九九七）一八五ページ

(23) 『張治中回憶録』（中国文史出版社、一九八五）一

一一—三七ページ
(24) 『蔣介石秘録12』（サンケイ新聞社、一九七六）五二ページ
(25) 同右、八〇ページ
(26) 『W・i・L・L』09年1月号の中西論文
(27) 須藤真志『真珠湾〈奇襲〉論争』（講談社、二〇〇四）三三ページ
(28) 秦郁彦編『検証・真珠湾の謎と真実』（PHP研究所、二〇〇一）の左近允尚敏、秦郁彦論文を参照
(29) 秦郁彦『太平洋国際関係史』（福村出版、一九七二）二〇八—一〇ページ
(30) 今野勉『真珠湾奇襲・ルーズベルトは知っていたか』（PHP文庫、二〇〇一）一六一—一六〇ページ
(31) 前掲須藤、一〇〇ページ
(32) 前掲今野、一一七ページ
(33) 『正論』2000年10月号の中西論文
(34) 産経新聞、1999年7月15日付
(35) 前掲須藤、六九ページ
(36) 須藤真志『ハル・ノートを書いた男』（文春新書、一九九九）第五章を参照
(37) 『正論』2006年5月号の福井義高論文
(38) 前掲『真珠湾〈奇襲〉論争』、七〇ページ
(39) J. E. Haynes and H. Klehr, *Venona* (Yale Univ., 1999) の邦訳は二〇一〇年刊、Bruce Craig, *Treasonable Doubt* (Univ. Kansas, 2004)
(40) E. P. Stafford, *The Big E* (A Dell Book, 1962) p.p. 16-17, Halsey and Bryan, *Admiral Halsey's Story* (N. Y., 1947), G. Prange, *At Dawn We Slept* (N. Y., 1981) p.420
(41) 平泉澄『悲劇縦走』（皇学館大学出版部、一九八〇）一三六—三七ページ
(42) カーチス・ドール、馬野周二『操られたルーズベルト』（プレジデント社、一九九一）二〇—二一ページ。なおドールはアンナの前夫。
(43) 前掲『自らの身は顧みず』七、一〇、一九ページ
(44) 藤原正彦『日本人の誇り』（文春新書、二〇一一）二四〇、二三〇ページ
(45) 同右、二一七ページ

第五章　陰謀史観の決算

——一人をだますより、
多数の人間をだます方がやさしい——
〈ヘロドトス〉

これまで、さまざまな陰謀、陰謀論、陰謀史観が出没する日本の近代史とその周辺を概観してきたのであるが、あらためて「世に陰謀のタネは尽きまじ」の思いを深くした。陰謀の部分は陰謀論、陰謀史観と置き換えてもよいが、それでは三者はどんな関係にあるのか。

通常は仕掛人が「犯行声明」を出せば、一過性の陰謀事件として片づくが、証拠の有無にかかわらず、有力な異論、反論が出現すると陰謀論の領域に昇格する。例を挙げてみよう。

ケネディ米大統領の暗殺は政府の調査委員会がオズワルドの単独犯行と断定したが、ＣＩＡ、ソ連、マフィア、テキサス州、はては副大統領（ジョンソン）が黒幕の仕掛人で、複数犯の仕業だとする陰謀論が乱立した。

論争が下火になったところへ、九・一一事件（二〇〇一年）をめぐる陰謀論が台頭する。主犯とされたアルカイダの首領ビンラディンは、十年後にパキスタンの隠れ家で米海兵隊とCIAのチームに殺害された。ソ連崩壊後は沈滞気味で陰謀論者から九・一一の仕掛人説さえ流されていたCIAは久々に名誉を回復した形だが、同時にアルカイダを育てたのもCIAだという「古傷」もむし返される。

このようにくり返し陰謀論に登場するのは、陰謀史観の主役に坐る資格条件を満たしたことになるが、歴史に足跡を残す大物はそれほど多くはない。

そこで重複をいとわず、既出の「陰謀史観」から主演級の大物を選び、その実像と実績を再検分してみたい。日本との関わりが薄いマフィアとか、カルトまがいの雑多な陰謀組織は除外した。取りあげたい陰謀組織を便宜的に仕分けると、Ⅰ型とⅡ型に大別できよう。

Ⅰ型はコミンテルン、ナチ党、CIA、MI6（英）、モサド（イスラエル）など情報や謀略を担任する国家機関ないし準国家組織で、かつては日本の特務機関、中国国民党、北朝鮮、韓国、最近では中国共産党の類似組織もそれなりの存在感を見せている。

Ⅰ型の機構、目的、活動歴は公開部分が多いので、ある程度の検証は可能だが、功罪の責任を組織とスター的構成員のいずれに問えばよいのか、見分けにくい難点は残る。

Ⅱ型は、ユダヤ、フリーメーソン、国際金融資本、各種のカルト教団のような秘密結社と呼ばれる国境横断的な非国家組織である。しかし指令塔の所在や構成が不分明で、陰謀の目的や目標を示す綱領や方針を記した確実な文書証拠は見つかっておらず、陰謀と成果との因果関係も判然としない例が多い。

次にⅠ型、Ⅱ型の順で、個別に勤務評定を兼ねた活動の概略を眺めていく。

Ⅰ型　コミンテルン

コミュニスト・インターナショナル（国際共産主義機構）の略称。ロシア革命（一九一七年）をモデルとする世界共産革命を実現するための国際組織として、結成された。一九一九年三月にモスクワで開催された第一回大会には二十一か国の代表が出席し、レーニンの指導下で初代の執行委員会議長にジノヴィエフが就任する。

当初の目標はドイツなど西中欧諸国で共産革命を成功させることにあったが一九二〇年、上海に派遣された極東ビューローの働きかけもあり、二二年七月に日本共産党が結成され、十一月のコミンテルン第四回大会でその日本支部として承認された。

しかしレーニンの死（一九二四年）後、ソ連共産党のトップに立ったスターリンは、西欧諸国の革命が挫折し、中国でも共産党が国民党に押さえこまれるなど資本主義陣営の反撃が強まり、ソ連が孤立する状況に対応して「一国社会主義」を唱えるようになる。そしてコミンテルンの優先的任務は、共産主義者の「祖国」ソ連の防衛と規定され、やがてコミンテルンは実質的にソ連共産党国際部のような地位に転落してしまう。

そのソ連にとっての強敵は、まずナチ党の聖典『わが闘争《マインカンプ》』でソ連打倒を公言したヒトラーのひきいるドイツだった。ついでムッソリーニが創立したファシスタ党のイタリア、さらに両国と防共協定を結んだ日本を加えファシズム陣営を形成した三国は、一九四〇年に日独伊三国同盟を結ぶ。

一九三五年にモスクワで六十五の共産党から五一〇人が集まって開催された第七回コミンテルン大会は、それまで敵視していた社会民主主義と組む幅広い「人民戦線」の形成により、ファシズム陣営に対抗する戦術を採択した。

一時的とはいえフランスやスペインでは人民戦線政権が成立、中国でも共産党と国民党が内戦を停止して抗日戦に踏みきり、ソ連は有力な軍事援助を中国に供与した。満州を占領したあと中国本部へ南下しようとする日本の軍部は、この事態をコミンテルンの策謀で、日中戦争の泥沼化は英米が背後でそそのかしたせいだと強弁する。

一方、日本共産党はコミンテルンの影響下で誕生、活動資金を仰いでいた事情もあり、立花隆が「盲従(1)」と評したように、一貫して忠実にコミンテルン本部の指示に従った。たとえば他国の共産党がそれぞれの国情に合わせ、それなりの自主性を発揮していたのに対し、日本の実情に暗いコミンテルン指導部が一九三二年テーゼによって天皇制打倒を最高方針とするよう指令したときも、日本の国情では無理と感じながらも抵抗しなかった。

それどころか、日共（国際共産党日本支部）は中央委員会名義で「懇切なる指導と批判が国際的指導部から与えられんことを切に希望」と卑屈な挨拶を送り、機関紙の『赤旗』は「共産主義の実現は、人類にとって最高至上なる幸福状態の達成である」とか「国際共産党組織（コミンテルン）の決定は、現代世界における最高至上の洞察であり指導理論である(2)」と、手放しで礼讃している。

だが、こうした極端な盲従主義はかえって治安維持法（一九二五年）を適用した特高警察の苛烈な弾圧を誘発する。一九三四年末までに徳田球一、宮本顕治、田中清玄らの幹部は逮捕されるか、獄中で転向して潰滅状態におちいった。『特高外事月報』が「日本共産党唯一の残留組織を壊滅するに至りたり」と誇らしげに宣言したのは三六年一月である。

日本の司法当局が重視し自信を持ったのは、思想検事による独特の「転向」策で、「(天皇制の)人民に対する仁政が一貫し全民族的結合の中心であらせられたこと」(神山茂夫の例)に目醒める党員が続出、釈放された転向左翼人は特務機関など戦時体制の一翼に組みこまれた。戦後に日共が再建されたとき、非転向者だけでは数が足りないので「偽装転向者」やシンパの加入も認めたが、転向者のなかには戦闘的な反共右翼に転向、活動した者も少なくない。

かろうじて戦時下日本の内外で命脈を保ったのはソ連に亡命した野坂参三(のち中国へ)、山本懸蔵、国崎定洞ら少数の党員、ソ連赤軍第四部(GRU)から日本に派遣されたリヒアルト・ゾルゲに協力した尾崎秀実らのスパイ団(日米開戦の直前に摘発)ぐらいにすぎない。

日本の識者やメディアはたえずコミンテルンの脅威を声高に警告していたが、自身で作りだした幻影に脅えていたといえよう。他の国々や地域でも、事情はあまり変らなかった。何よりもスターリンの大粛清が本国での迫害を逃れ亡命した共産党幹部たちにも及び、コミンテルンのスタッフ四九二人のうち一三四人が犠牲になった[3]といわれる。

スターリンはアメリカの武器援助をもらうために、形骸化しつつあったコミンテルンの存続は有害だと判断して一九四三年に解散させ、その機能は政府の外交部や赤軍の情報機関に移管する。

ソ連政府はコミンテルンとは無関係だと強調したが、全盛期に固まった残像は根強く残り、日本では第二次大戦後もソ連や中国の情報謀略活動を、コミンテルンないし国際共産主義に読み替えて警鐘を鳴らす風潮がつづく。

たとえば前出の小堀・中西対談では、アメリカ占領下の日本はＧＨＱのコミンテルン・コネクションによって「コミンテルン憲法」（現行の日本国憲法を指す）を押しつけられたとか、日中復交（一九七二年）後もひきつづき中国共産党の「チナミンテルン人脈」が生きていると説く。[4]しかし後継の役割を果した悪名高いＫＧＢ（後出）にはなぜか言及していないのである。

ネット情報になると、ルーズベルトも蔣介石も東条英機もコミンテルンの「操り人形」だったと強調する投稿者を見かけるが、「俺が就職できないのもコミンテルンの陰謀ですか」と問いかける学生のコメントには苦笑するしかない。まさに「コミンテルン

の〝悪事〟、千里を走る」の図柄だろう。
コミンテルンに対する残像イメージを、十二分に利用したKGBの役割については後述する。

ヒトラーとナチ党

チャップリン演じる独裁者ヒンケルが、紙風船の地球儀とたわむれる光景は、一度見たら忘れられぬ強烈な印象を与えるが、この映画「独裁者」が撮影されたのは、モデルにされたドイツ総統ヒトラーが最盛期にさしかかった一九三九年である。

誇大妄想にとらわれたちょび髭の男が狙っているのは世界征服だったのか、地球の破壊だったのか。類似の疑惑をかけられた指導者にはスターリン、毛沢東、昭和天皇もいるが、ひょっとすると実現するのではないかという恐怖感を誘ったのは、ヒトラーだけだったかもしれない。

それだけにナチと仲間たちの復活を阻止しようとする民主主義諸国は、罪刑法定主義への背反とそしられるのを承知の上で戦犯法廷を開設し、国際世論もそれを支持した。

東京裁判に先だつニュルンベルク裁判（一九四五―四六年）では、ナチ党の幹部たちが日本と同様に平和、殺人、人道（ホロコースト）の罪を共同謀議により遂行したという理由で訴追されたが、党と国家の全権を握った独裁的指導者ヒトラーが戦争終結と同時に自殺してしまったため、いささか迫力を欠いた。

独裁者の手足的存在にすぎないともいえる被告たちに、法廷は共同謀議の責任をどこまで問えるのかという課題に直面したのである。それでもユダヤ人絶滅計画や親衛隊（SS）による人道の罪は何とか立証できたが、侵略戦争の共同謀議はつめきれなかった。

ヒトラーは野党時代（一九二六年）にナチ党の聖典となる『わが闘争』を書いて出版し、アーリア民族を至上、日本人など模倣文化しか持たぬ中位、スラヴ人種を劣等に位置づける独特の人種論を展開した。とくに最劣等人種で、ソ連共産主義と結んで「世界支配の陰謀」をたくらんでいるとこじつけたユダヤ人の排撃は、政権獲得後は実行に移されホロコーストにまで行きつく。

ドイツ民族に必要な「生存圏」（Lebensraum）という観念を作りだしたヒトラーは、領土拡張の方向を東方、すなわちソ連と東欧に向けるべきだと強調した。政権獲得後はまず第一次大戦の失地を回復するという名分をかかげたが、一九三八年にオーストリアとズデーテンを併合するやヒトラーが全欧州の征服をめざしていることが明らかになってきた。三九年にはソ連と分割協定を結んで電撃作戦でポーランドを占領、四〇年にはフランスを征服、英本土進攻の構えから一転して四一年夏ソ連へ攻めこんだ。

だが、連戦連勝の幸運はそこまでで終った。米英とソに挟撃された「ドイツ第三帝国」は、破滅への坂道をころげ落ちて行く。このような一連の歴史的展開を、ニュルンベルク法廷のジャクソン米首席検事は、起訴時の冒頭陳述で「偶然に起ったのではなく、長期間にわたって少なからざる巧妙さ、策略をもって計画され、準備されたもの(5)」と想定したが、裁判ではそれを裏づける体系的な証拠文書は見つけられなかった。

法廷が期待したのはオーストリア等の併合を謀議した「ホスバッハ覚書」（一九三七年十一月五日）であったが、証拠としては弱く、「すべてを包含する単一の謀議よりも、むしろ別々な多くの計画が存在した(6)」（判決）とお茶を濁すしかなかった。

日独伊三国同盟（一九四〇年九月）にソ連を加え四国同盟に発展させる構想が進展中の四〇年十二月、ヒトラーは日伊両国には秘密で対ソ全面攻撃（バルバロッサ計画）の準備命令（総統指令21号）を発した。そうとは知らず四一年春、欧州を訪問した松岡洋右外相はスターリンと日ソ中立条約を結ぶが、四国同盟を推進していたはずのリッベントロップ外相は大島浩大使へ「ボス（ヒトラー）がソ連と戦争することを決めてしまったので自分は大変悲しい(7)」と打ちあけている。

総統の独断に発した本件について外相やドイツ国防軍幹部を共同謀議者と認定するのは無理があり、法廷は『わが闘争』に出てくる妄想を証拠とみなすのは否定した。

妄想のスケールという点から見れば、『わが闘争』はむしろ控え目だと評したヨースト・ヘルマントは、代って一九三一年にW・ゲッツが書いた未来小説の筋書を紹介している(8)。

それはファシスト・ドイツが全欧州を征服したのち、アジア、アフリカを併呑して、アメリカとの最終戦争に勝利するというもので、偶然にも石原莞爾の「世界最終戦争」の妄想に似通っているが、このあたりは原告側に立つソ連にとっても、きわどい場面ではあった。ドイツと共謀してポーランドを分割しているし、最近公開された旧ソ連資料からは、ドイツに攻めこむ予定のスターリンは紙一重でヒトラーに先手を取られてしまったらしい内情が読みとれるからである。(9)

歴史学者の見解は分れるが、最近ではヒトラーの行動は日本と同様に、投機性の強い場当り的対応の連続だったという解釈に傾いているようだ。(10)『わが闘争』の予言的部分も、書かれた時は「ボヘミアの伍長」（ヒンデンブルグ元帥）とさげすまれた「一私人の妄想」にすぎず、レアリストでもあった総統ヒトラーの陰謀構想は、絶頂期でも東方（ソ連）をふくむ全欧州どまりだったのではあるまいか。

CIA・MI6対KGB

国家の生存には外国情報の収集分析機能（スパイ活動）が欠かせないが、大規模な破壊工作も担う能力を持ち実績もある情報機関は限られている。ＫＧＢ（旧ソ連）、ＭＩ６（イギリス）、モサド（イスラエル）などが知られているが、有名度ではアメリカのＣＩＡ（中央情報局）が群を抜く。

だが「有名なスパイ活動」というのは、一種の形容矛盾だろう。成功した工作は誰にも知られず闇に沈んだままに終るからである。有名になりすぎたＣＩＡの場合はとかく失敗劇が語られ、「間抜け」のイメージさえ付着しているが、その分だけ人々の警戒心をゆるめる効能もありそうだ。

二〇〇七年に情報公開された膨大なCIA文書に目を通し、前身のOSS（戦略情報局、一九四二年創設）時代から半世紀余のCIA活動史を書いたティム・ワイナーは、朝鮮戦争を予見できず、中共軍の介入を予想も阻止もできず、ベトナム戦争の判断を誤まり、冷戦の終結を予見できず、「唯一、最大の勝利はイランのモサデク政権転覆工作にすぎない」(11)と辛らつな評価をくだしている。

なかでも冷戦末期にソ連内部へ送りこんでいた工作員たちが、CIAにもぐりこんでいたKGBスパイの通報で一掃されたのは、「CIAに壊滅的ともいえる打撃」を与えたという。

しかし他の情報機関も洗ってみれば、似たりよったりの間抜けた失敗を重ねているようだ。表1のような実績表を作って行くと、目に見える最大の収穫は双方の情報機関内部に潜入したスパイの摘発競争かもと思えてくる。

冷戦期にはCIA以上に畏怖されたKGBも、「ベルリンの壁」崩壊を予知し抑止できなかった点ではCIAと「同罪」と見なせよう。

表1　CIAの主要な秘密工作

	時　期	概　要	評価
フク団の掃討（フィリピン）	1950－54	共産ゲリラのフク団を討伐するフィリピン軍を支援、掃滅に成功	成功
チャイナ・ミッション	1951－56	中国大陸へ投入したスパイ、ゲリラ要員は全滅	失敗
アジャックス作戦	1953	石油を国有化したイランのモサデク政権を親米派軍部を使って打倒	成功
ゴ政権の擁立	1954－57	南ベトナムに反共政権を擁立	成功
ハイキング作戦	1955－58	容共傾向のスカルノ政権（インドネシア）を打倒するため、反乱軍を組織	失敗
マングース作戦	1960－61	キューバのカストロ暗殺（未遂）と亡命キューバ人のピッグス湾上陸	失敗
チリのクーデター	1973	左派アジェンデ政権の出現阻止に失敗したあと、クーデターにより打倒	失敗→成功
イラン・コントラ事件	1987	イランへの武器売却代金でニカラグアのコントラ反乱軍を支援	失敗
アルカイダ追跡	2001－	ビンラディンの捕獲か殺害を企てたが、失敗。2011年に殺害成功	失敗→成功

インテリジェンスの研究者の間では、MI6やモサドの能力に高い評価を与える傾向が見られるが、根拠は漠然としている。

モサドに関しては敵性のアラブ諸国に包囲されながらもイスラエルが生きのびてきたのは、「世界中のユダヤ人ネットワークを駆使し、少ない人員の割には高いパフォーマンスを誇る」[12]モサドのおかげだという神話がある。

それらを裏づける事例は公表されていないが、最近になって「エンジェル」のコードネームを持つアシュラフ・マルワン（二〇〇七年に自殺）という謎めいた大物スパイの活動歴が明るみに出た。彼はエジプトの独裁者ナセルの娘婿、サダト大統領の秘書というエリートだったが、動機は不明ながら志願してモサド長官直属のスパイとなる。

マルワン最大の功績はエジプト・シリア軍がイスラエルに奇襲をかけた第四次中東戦争（一九七三年）の直前に警報を伝えたことだとされる。[13]

グレアム・グリーン

最古の伝統と最高の能力を持つと信じられてきたイギリスの諜報機関（海外担当のMI6と国内担当のMI5をあわせ）は、覆面のスリーパーを世界各所に定住させ、百年に一度のチャンスに備えている式の伝説に恵まれてはいるが、実像は鮮明を欠き、近年はスキャンダルで名をはせてきた。

MI6のフィルビー・グループが一九三〇年代から三十年もソ連情報部のスパイとして活動していたのに気づかず、発覚したあとも彼らの多くはソ連へ逃亡してしまった。また一九五六年から六五年までMI5の長官を勤めたサー・ロジャー・ホリスや王室御用達の美術史家アンソニー・ブラントもソ連のスリーパーだったことが露見したように、前々世紀まではともかく、二〇世紀後半の英情報機関は半ばソ連のスパイに乗っとられていたと言えなくもない。[14]

アメリカもそうだが、イギリスでもエリート階級の子弟が情報機関勤務を志願する伝統がある。サマセット・モーム、グレアム・グリーン、イアン・フレミング（「００７」の著者）のように著名な小説家が自身の体験をふくらませて宣伝したことが、はからずも隠れみのになったのかもしれない。

彼らの作品はヒーロー仕立てではあっても、虚と実の境目がはっきりせず、検証のしようもない。「おしゃべりのスパイ」はなべて小物というのが定説であるが、ＣＩＡには伝説化された大物の工作員がいた。

一人はジョン・Ｆ・ダレス国務長官の弟アレン・ダレス（Allen Dulles）で、ＣＩＡ副長官を経て一九五三年から六一年まで長官として剛腕を振るい、「やりたい放題のＣＩＡ黄金時代」を築いた。

エドワード・ランスデール

ダレスがＯＳＳ時代にヨーロッパでイタリアの降伏や日本との和平工作に従事したあとは、本部中枢を押さえた組織人型なのに対し、もう一人のエドワード・ランスデール（Edward Lansdale）は、現場を転々とした花形工作員であった。

ランスデールは第二次大戦のレジスタンス支援に始まり、フィリピンで共産ゲリラのフク団（フクバラハップ）を覆滅した作戦で名声をあげる。一九五四年からは南ベトナム政権の育成と対北ベトナム工作に暗躍し、グレアム・グリーンは彼をモデルにした『静かなアメリカ人』（*The Quiet American*, 1955）を刊行、映画化もされて、ケネディ大統領は彼を特殊作戦担当の国防次官補に抜擢した。

しかしカストロ政権打倒をめざしたキューバ侵攻（ピッグス湾事件）は失敗に終り、ベトナム戦争ではマクナマラ国防長官と対立、解任されてしまう。

コルビーCIA長官はランスデールを「史上最もすぐれた伝説的なスパイ」と賞讃したが、「静かならざるアメリカ人」（*The Unquiet American*）という辛口の著作も出たように、評価は必ずしも定まっていない。

いずれにせよ、ダレスとランスデールは自伝や伝記が残されたこともあり、「有名なスパイ」にはちがいない。(15)

それに比べると、冷戦期にCIAと虚々実々の「死闘」を展開したKGBは往年の陰惨なイメージが残るだけで、一九九一年に解体した後も、ロシア政府はKGB文書をいまだに公開していない。したがって活動の実態は亡命者（クリヴィツキー、ミトローヒンなど）がもたらした断片的な情報や、陰謀物を得意とするジャーナリストの通俗書で窺い知るしかない。

もっともKGBがCIAやMI6より得点を稼いでいたとしても、雇い主のソ連が崩壊したのだから、痛み分けと評してよいのかもしれない。

皮肉にも「好敵手」を見失ったCIAのほうも活力を削がれたのか、今世紀に入ってからは精彩に欠ける。ひとつには広義の情報活動の性格が変りつつあることも、影響しているだろう。

冷戦時代は大統領が主宰する国家安全保障会議（NSC）の下で公然の外交部門は国務省、秘密の情報分析と工作はCIAが分担していた。NSC10／2文書では、秘密工作の例示として「扇動、経済戦略、破壊工作、地下運動、ゲリラ戦、亡命集団や反共分子の支援」をかかげていた。

実際には気に入らぬ政権の転覆、手のこんだ暗殺、通貨偽造のような荒業までやってのけたが、こうした強圧的手法は逆効果を招きがちだという反省もあって、暗号解読や盗聴などNSA（National Security Agency）が主管する電子情報の収集と分析に重点をシフトする傾向にある。

ではわが国はどうかというと、かつては日露戦争時の明石工作や満州国の建国など、それなりの実績をあげた日本の情報工作活動は、第二次大戦後はほぼ休止状態のまま現在に及んでいる。独立回復直後の一九五二年、CIAの下請け的機関として設立された内閣調査室（内調）も影が薄く、細々と公開情報を整理している程度にすぎない。

かわりにスパイ防止法もない戦後日本は、各国の情報機関が自由に活動できる「スパイ天国」と化し、時には荒っぽい暴力活動の舞台となった。東京のホテルに滞在していた金大中（のち韓国大統領）を拉致した韓国安企部（KCIA）、日本各地の海岸から十三歳の少女などを拉致した北朝鮮の工作活動を見ても、防諜機能さえ働いていないことがわかる。

冷戦期前半は、左翼政権の成立をめざすソ連、中国など国際共産主義と、それを阻止し保守勢力を支援しようとするアメリカがせめぎあったが、保守安定政権がつづいたのと、在日米軍のにらみが利いたこともあって、小規模な資金援助の域にとどまった。

CIAの機密解除文書には、第二次岸内閣時代（一九五八年）の佐藤栄作蔵相がマッカーサー米大使を通じ、ソ連や中国が日本の左翼勢力を資金援助している事実を引き合いに出し、アメリカも反共闘争のため自民党などの保守政治家を援助してくれと頼み、実行されたことを示す公文書がふくまれている。

同時に「より親米的な野党が登場するのを期待して、左派系野党から穏健派を分裂させる隠密工作」[16]をCIAが実施する方針も承認された。

ところで佐藤栄作が強調していたように、ソ連や中国の共産党が世界中の左翼組織へ資金を供給していた事実も、ソ連崩壊後に一部が露顕する。

アンドレイ・イーレシュによると、KGBが渡した資金の規模は毎年二五〇〇万ドル前後で、フランス共産党に対しては一九七一―九〇年に計三四〇〇万ドルが提供されたという。以下三万ドルまで三〇の政党名が並ぶが、日本共産党は出てこない。[17]

もっとも個人ベースでは共産党の志賀義雄や神山茂夫の名も出てくるが、一九七二年に岩井章（総評事務局長、社会党系）の選挙資金として三・五万ドルを渡し、領収書まであるのに、なぜか岩井は出馬しなかった。

一九六〇年代までの日本政界では、資金援助は別としても米政府の好まない政権は長つづきする見こみがなく、活殺の判断材料はCIAが握っているとの思いこみがあったらしい。長期政権を誇った吉田茂でさえ、米政府に見切りをつけられ辞職に追いこまれたものと観測された。真偽のほどはともかく、CIAの隠微な心理的圧力は少なくとも戦後日本では有効な武器であったことは否定できそうにない。

Ⅱ型　ユダヤと反シオニズム

キリスト教徒が全人口の1％、ユダヤ教徒は皆無に近い日本社会では、ユダヤ人に対する平均的な知識水準は久しく「ヴェニスの商人」に登場する商人シャイロックのレベルにとどまっていた。

強欲な金貸しシャイロックが美女ポーシャの機知にへこまされるシェークスピア劇は、大正の頃から女学校の学芸会での人気演目ではあったが、身辺にユダヤ人の影も見ないわが国では、実感の伴わぬ西洋のオトギ話にすぎなかった。

戦後はリトアニア駐在の杉原千畝領事が、ナチに追われたユダヤ難民に「六千枚の命のビザ」を発給して、日本経由の脱出を助けた第二次大戦中の美談が掘り起こされた程度である。

知らないものに偏見の生まれる余地はないというもの。この点はキリスト教が育んだ伝統感情のなかで、ユダヤ人に対する偏見を固定させた欧米人とは相違する。だが一方ではその日本で戦前・戦後を通じユダヤ陰謀論が流通し、一定の人気を集めているのは、ふしぎな現象といえよう。試みにヤフーで検索してみるとコミンテルンが一三・三万件、フリーメーソンが七二・六万件に対し、「ユダヤの陰謀」は一一三万件と首位に立つ。

そもそも、ダビデ大王やソロモン王の繁栄を誇った古代ユダヤ王国が、ローマ軍の攻撃によりマサダの砦で全滅したのは紀元一世紀のことである。亡国のユダヤ人たちは世界中に離散したが、それから二千年、彼らは至るところで差別され、迫害されつづけた。

では、こうした差別や迫害を正当化したいわゆる「反ユダヤ主義」は何を根拠にしていたのか。一般には、
(1)　キリスト教社会によってユダヤ教が宗教上の異端とみなされたこと（歴史的にはキリスト教はユダヤ教の分派なのだが）。
(2)　流浪しつつも固有の信仰、風習を頑なに守ってキリスト教社会に同化しなかったこと。
(3)　商業、金融業を得意としたユダヤ人への職業上の偏見。
などが指摘されている。

いずれも根拠のあやふやなものばかりだが、問題は反ユダヤ主義が、ヒトラーとナチ党による絶滅政策にまでエスカレートした点にある。その口実を与えたのが、発祥の地

パレスチナにユダヤ人の新国家（一九四八年にイスラエル建国として実現）を建設しようとするシオニズム運動だったのは否定できない。

ヘルツェルの主唱で第一回シオニスト会議がスイスのバーゼルで開催されたのは一八九七年であるが、その秘密議事録と称されるシオン議定書（*Sion Protocol*）はユダヤの世界支配をもくろむ大陰謀を再確認したものとされた。

やがてこの議定書は、帝政ロシア宗務庁の下級役人による偽造文書らしいと判明するが、広く流布する間に実態にあわせて補正され過激度を増す。第一次大戦もロシア革命も、すべてこの大陰謀のステップにすぎないとされ、およそこの世の邪悪なものはすべてユダヤがらみだとする極端な反ユダヤ主義（反シオニズム）へとふくれあがっていく。近代史に大きな影響力を与えた偽造文書のなかでは、シオン議定書と田中上奏文は双璧と称してよいだろう。

それまで無縁だった日本にユダヤ問題を最初に持ちこんだのはシベリア出兵（一九一八―二二年）に従軍した四王天延孝、安江仙弘、犬塚惟重らの軍人であった。ロシア革命で難民化した白系ロシア人には、革命がユダヤ人の陰謀だと信じる者が少なくなかった。実際に、革命指導者のなかにはトロツキー、ラデック、ジノヴィエフら多数のユダヤ人がいた。レーニンの母親もユダヤ系と噂されている。

共産主義の脅威と結びついたこともあって世人の好奇的関心は高まり、一九一七年以前は十数点しかなかったユダヤ関連の邦文文献は、一九三〇―三九年には二五四点と急増している。ピークは一九三八年で二八冊の単行本と、三三篇の論文という盛況ぶり[18]を見せた。

そのなかで少年時代の私が愛読したのは、山中峯太郎『大東の鉄人』(一九三四年、一年で二五版を重ねた)と題する冒険小説だった。ヒーローの本郷義昭が挑戦したのは「シオン同盟」総司令の「赤魔バザロフ」という設定だが、なぜか戦後の改版ではシオンを「マルキ同盟」に書きかえている。

戦前期のわが国で一貫して「ユダヤ禍」論を声高に説き、反ユダヤ陣営の大御所的位置を占めたのは四王天陸軍中将で、数百の欧文文献を読破して独自のユダヤ理論を築いたと自称するが、ほとんどが他人の説の受け売りで、独創性は乏しい。

その論調は彼が翼賛選挙で代議士に立ったせいもあってか、過激な政治性をおびていく。たとえば雑誌論稿を集めた『四王天延孝清話』(一九四二)の序文では「現に闘われつつある世界大戦に、挑発者としてまたその実行者として責任を負うべきものがユダヤ人であることは、今や誰しも疑うものはないと思う。……(ドイツは)前大戦に於て戦争に勝ちながらユダヤを利用して敗れ……ヒトラー総統の英断によって始めてユダヤ人を駆逐し今日の大国家に甦生した」と説いている。

本文には「英米のユダヤ金権主義者」とか「共産主義ユダヤのソ連」といった慣用句も出現するが、ついでにフリーメーソン論へ飛んで「その中核をなしているのはユダヤ人」で、「蔣介石、英国王のジョージ六世、ルーズベルト米大統領はいずれもメーソンなので、お互いに助けあっている」と脱線してしまう(三人とも非ユダヤ人だが)。

しかし脱線ぶりの強烈さにおいては、三国同盟を推進したかどでA級戦犯にされた白鳥敏夫(駐イタリア大使)が、一九四四年に書いた次のような論調に比肩するものは他にあるまい。

今度の戦争は本質に於ては日本の八紘一宇の御皇謨とユダヤの金権世界制覇の野望との正面衝突であり、それは邪神エホバの天照大神に対する叛逆であると共に、エホバを戴くユダヤ及びフリーメーソン一味のすめらみことの地上修理固成の天業に対する叛逆行為である。(19)

どうやら二人は思うに任せぬ国際情勢への焦躁から来る「被害妄想」に囚われていたのかと思えるが、四王天が「長く私らは余計な研究と冷眼視されてきた」と自嘲しているようにユダヤ論の世界で彼らは必らずしも主流とはいえなかった。

専門家の多くは研究を深め、現実の施策面に関わるにつれ、ユダヤ観は少しずつ変っていく。単純な「ユダヤ禍」論から同情論、利用論（安江、犬塚など）が派生し、日本・ユダヤ同祖論（小谷部全一郎、酒井勝軍など）すら出現する。

日本政府も同盟国ドイツから反ユダヤ政策の採用を迫られたが巧みにかわし、五相会議決定（一九三八年）で「独国と同様極端に排斥するが如き態度」はとらず、むしろ在米ユダヤ人を利用して対米関係の好転をはかろうとした。

この試みは成功しないが、日系二世の多くが日本よりも米国へ忠誠心を向けたように、ユダヤ人の多くも所属する国家への忠誠を優先していた。ユダヤ系のモーゲンソー米財務長官が、ルーズベルト大統領を動かして反日政策を実行させたとか、部下のハリー・ホワイトを通じコミンテルンに動かされていたというたぐいの臆説は、四王天＝白鳥流の陰謀史観に毒されたものといえよう。

戦後期のユダヤ禍論

敗戦後しばらく、日本人の意識からユダヤ問題は消える。アメリカの占領期に君臨したGHQ官僚のなかには、日本国憲法を起草したケーディス民政局次長や労組を統制したコーエン労働課長のようなユダヤ系米人もいたが、それに気づいた日本人は少ない。

戦前と似たようなパターンの反ユダヤ主義と、少数ながら親ユダヤ関連の書籍が店頭に並ぶようになったのは一九八〇年代以降である。ニューヨーク・タイムスが反ユダヤ本の旗振り役ともいえる宇野正美（キリスト教原理主義者）の著書二冊が一一〇万部も売れていると報じたのは八七年三月だった。この年だけで書名にユダヤの語をふくむ本が八二冊刊行されたという情報もある[20]（表2参照）。

数字だけ見るとブームと呼んでもよいが、私は店頭でほとんど見かけたことはなく、書評欄で読んだ記憶もない。おそらく好事家の直接注文か、書店の「トンデモ本」コーナーに並んでいたのではあるまいか。いずれにしても、ユダヤ人口の多い欧米先進国では考えられぬ現象だったろう。代表格の宇野正美はユダヤを「超国家的な位置から世界を操っている裏国家」と定義するが、D・グッドマン＝宮沢正典は「商業的な反ユダヤ

表2　反ユダヤ・メーソン論の主な文献

戦前期

四王天延孝（藤原信孝）『猶太民族の研究』（1925）
〃『フリーメーソン秘密結社に就いて』（1933）
〃『ユダヤ人の陰謀』（1933）
〃『四王天延孝清話』（1942）
樋口艶之助（北上梅石）『猶太禍』（1923）
酒井勝軍『猶太民族の大陰謀』（1924）
安江仙弘（包荒子）『世界革命之裏面』（1924）
〃『ユダヤ民族の世界支配』（1933）
久保田栄吉訳『世界顛覆の大陰謀　ユダヤ議定書』（1938）

戦後期

永淵一郎『ユダヤ人と世界革命―シオンの議定書』（1971）
五島勉『ノストラダムスの大予言』Ⅰ、Ⅱ、Ⅲ（1973―1981）
〃『ハルマゲドンの大破局―ついに解読されたユダヤ予言の謎』（1984）
斎藤栄三郎『世界を動かすユダヤパワーの秘密』（1984）
山蔭基央『ユダヤの世界支配戦略』（1985）
宇野正美『ユダヤが解ると世界が見えてくる』（1986）
〃『ユダヤが解ると日本が見えてくる』（1986）

N・コーン『ユダヤ人世界征服陰謀の神話』（1986）
矢島鈞次『ユダヤ・プロトコール超裏読み術』（1986）
吉村正和『フリーメイソン』（1989）
太田竜『ユダヤ世界帝国の日本侵攻戦略』（1992）
〃『ユダヤ＝フリーメーソンの世界支配の大陰謀』（1993）
〃『ユダヤの日本侵略450年の秘密』（1994）
鬼塚五十一『フリーメーソン世界帝国への野望』（1994）
ヤコブ・カッツ『ユダヤ人とフリーメーソン』（1995）
ダッドレイ・ライト『ローマ教皇とフリーメーソン』（1996）
松浦寛『ユダヤ陰謀説の正体』（1999）
J・W・ベンダースキー『ユダヤ人の脅威』（2003）
加治将一『石の扉―フリーメーソンで読み解く世界』（2004）
片桐三郎『入門フリーメイスン全史―偏見と真実』（2006）
J・レイノルズ『秘密結社を追え！』（2007）
ブレント・モリス『フリーメイソン完全ガイド』上下（2008）
綾部恒雄『秘密結社』（2010）
徳本栄一郎『1945日本占領―フリーメイスン機密文書が明かす対日戦略』（2011）

主義者」の「売らんかな商品」[21]だと切って捨てる。
そうだとすれば、ユダヤ人の居住者がたかだか一千人ぐらい、読者調査でユダヤ人に会った経験を持つのは1%というわが国の読者は、「空想上の悪魔」（ベン＝アミー・シロニー）が二つの大戦をひきおこし、第三次大戦で日本を滅ぼそうと狙っているという壮大なスケールの予言を楽しんでいるだけなのかもしれない。
しかし迫真力を少しでも高めようとする商業的動機は、とどまるところを知らない。宇野正美はペリー提督、コロンブス、F・ルーズベルトに加え、ロックフェラー、J・P・モルガン、デュポン、メロンの四大財閥をユダヤ人と名ざしているが、グッドマン＝宮沢は全員がそうではないのにと呆れている。[22]
さすがに今世紀へ入る頃から、ホロコースト否定論をふくむユダヤ陰謀説は人気を失いつつあるが、それは九・一一自爆テロの前後からアルカイダなどのイスラム陰謀論に取って代わられた事情がありそうだ。

フリーメーソン

ユダヤ禍論よりは地味ながら、根強い人気を保っているのがフリーメーソン陰謀論だ

表3　著名なユダヤ人(A)とフリーメーソン(B)、三百人委員会(C)の各会員

A　氏名（国）	B　氏名（国）	C　氏名（国）
アインシュタイン（スイス）	ヴォルテール（仏）	H・G・ウエルズ（英）
キッシンジャー（米）	キッシンジャー（米）	キッシンジャー（米）
サルコジ（仏）	ゲーテ（独）1780	W・ブラント（独）
シャガール（露）	ケソン（比）1908	大来佐武郎（日）
スピノザ（蘭）	佐藤尚武（日）1950	エリザベス二世（英）
スピルバーグ（米）	幣原喜重郎（日）	チャーチル（英）
ディズレーリ（英）	ジョージ六世（英）	ユリアナ女王（蘭）
トロツキー（露）	蔣介石（中）	W・リップマン（米）
ハイネ（独）	チャーチル（英）1901	J・P・モルガン（米）
アンネ・フランク（蘭）	トルーマン（米）	クーデンホフ・
フロイト（墺）	鳩山一郎（日）1950	カレルギー（墺）
プルースト（仏）	G・フォード（米）	セシル・ローズ（南阿）
マルクス（独）	ペリー提督（米）1819	ロックフェラー（米）
モーゲンソー（米）	D・マッカーサー（米）1936	ロスチャイルド（英）
モジリアーニ（伊）	モーツァルト（墺）1784	
ロスチャイルド家（英）	F・ルーズベルト（米）	
	G・ワシントン（米）1752	

〔出所〕Aは主としてマイケル・シャピロ『世界を動かしたユダヤ人100人』（講談社、2001）、ジョアン・コメイ『ユダヤ人名事典』（東京堂出版、2010）より。Bは非公表だが各種文献から確度の高いものを拾って掲記した。Cはコールマン『三百人委員会』（徳間書店、1994）に付されている会員名簿（346人）から拾った（日本人は1人だけ）。

（注1）Bの西暦年はフリーメーソン加入の年。

（注2）仏はフランス、蘭はオランダ、墺はオーストリア、比はフィリピン、南阿は南アフリカ。

が、日本人にとってはどちらも実感が薄いだけに、混交してしまうことが多い。

「両大戦はフリーメーソンがひき起こした」

「この世を支配しているのはフリーメーソン、闇の世界政府」

「小沢一郎や皇太子妃もフリーメーソンの一員……あと二、三年の内には日本は完全に占領される」のような御託宣の「フリーメーソン」を「ユダヤ」にそっくり入れ替えた文献がやはり流通している。混交ぶりを見兼ねてか、ネット上では「多くのユダヤ人がフリーメーソンに加入しているので混乱が起きる。どちらでもない人はきわめて少ないのだ」という変な解説も見かける。

しかし表3を眺めても一身でユダヤ人とフリーメーソンを兼ねた著名人は見当らないようだと疑う人には、「麻生産業はメーソンの頭目ロスチャイルドの子会社」「麻生も鳩山一家もメーソン」と強引にたたみかける。

麻生太郎元首相が麻生産業の一族であることは知られているが、ユダヤ金権の代表格として著名なロスチャイルドをメーソンの頭目に擬したり、麻生産業の親会社である証拠を見せてくれなどと要望しても無駄だろう。

すべてテレビや新聞が報じない水面下の事象で、頭目でなくても黒幕のはずだ式の論法でかわされてしまうからだ。とどのつまりはユダヤ、コミンテルン、ロックフェラーなど複数の「悪魔」（陰謀組織）が合体しての大連立となってしまうのだが、メーソンが接着剤としての役割を果しているのはそれなりの理由がある。

第一は、秘密結社とされながら他の陰謀組織に比較すると透明度が高く、会則も「会員相互の特性と人格の向上をはかる」と当りさわりがない。中世末期の石工組合いらいの歴史的由来も明らかにされている。

第二に、全体を統合する指令塔はなく、国別、地域別の本部（グランド・ロッジ）が統轄し、所在地も公開されている。戦後の東京グランド・ロッジは旧海軍の水交社ビルに置かれ、マスコミの取材も拒否していない。

第三に、加入条件はあり会員の階位も定められているが、閉鎖的とまでは言いがたい。

偽書にせよユダヤのシオン議定書のような「共同謀議」の存在や怪しげな行動は噂に出たこともないのに、メーソンが「悪魔」の仲間入りさせられているのは気の毒だが、過激すぎる反ユダヤ論は組織的な反論や反撃（たとえば雑誌『マルコポーロ』を廃刊に追いこんだ事件のサイモン・ウィーゼンタール・センター）を受けるのに対し、反メーソン論にはそうしたリスクがなく、安心して叩けるゆえかもしれない。
メーソンの会員数は全世界で数百万人ほどでアメリカが最多を占め、日本は戦後すぐの頃には二五〇〇人いたのが最近は減って一五〇〇人とも三〇〇人ともいわれる。いずれにせよ、微々たる数にすぎない。日本人第一号は幕末のオランダ留学生だった西周とされる。長崎の武器商人グラバーの関係で坂本竜馬がという風聞もあるが、会員名簿が見られないので水掛論になってしまう。
「モーツァルトは確固としたメンバーだが、ベートーヴェンとシューベルトもきわめてメーソンに近い」(綾部恒雄)
「第二次大戦時の連合国トップだったルーズベルト、トルーマン両大統領、チャーチル首相、マッカーサーはメーソンの幹部会員だった」(春名幹男)
と書かれても、真偽の確かめようがない。
それでも熱心な取材者に対してロッジの管理人は図書館の記録を見せ、過去の有名幹部の名を教えてくれるらしい。ジャーナリストの春名幹男はワシントン郊外のロッジで日本支部の歴史を記した本によって、占領軍総司令官のマッカーサー(在任中に最高の第33階位へ昇格)ばかりか、側近幹部のウイロビー、シーボルト、ホイットニーらもメ

ンバーだったと知る。(23)

徳本栄一郎は横浜ロッジで、マッカーサーの会員番号が三六七七八一号であることを聞きだしたし、(24)Ｊ・レイノルズは歴代米大統領のうちトルーマンとＧ・フォードは最高の33階位を授かったことまで調べあげた。(25)

この種の真偽をめぐる詮索にいささか疲れ気味だった私は、別の件で朝日新聞の縮刷版をめくっていた時、「日本にもフリーメーソン、佐藤（参議院）議長ら十氏加入、日本で最初の入会式は（一九五〇年）一月五日と七日」(26)という記事を見つけた。

レヴィスト少佐の司会で、佐藤尚武、植原悦二郎（衆議院議員）、高橋竜太郎（日本商工会議所会頭）、三島通陽（参議院議員）ら一〇人が入会し、マッカーサーとウォーカー第八軍司令官から祝電が届いたという。「誰でも入れる」と付記してあったせいか、公職追放解除を願った戦前派の著名人たちが次々に入会したらしい。そのなかには鳩山一郎や東久邇元首相もふくまれていた。

ひところ地域社会の名士たちが推されてロータリー・クラブの会員になるのを、ステータス・シンボルと心得ていたのに似た流行現象だったのであろうか。戦後期の日本だけではない。メーソン全体がステータスの高い社交クラブの一つと見なすのが適切かと思われる。

オカルトへの誘い

陰謀論ないし陰謀史観の種は少しずつ姿を変えながら、たえず再生産されつづけている。需要があるから供給されるのか、その逆なのかは鶏と卵の論争に似て、簡単には決しかねるが人間の心性のなかに、それを待ち望む動機が潜在しているのは否定できない。

「浜の真砂」と同じく「世に陰謀のタネは尽きまじ」の感を深くするが、二〇世紀の後半頃から在来型の陰謀論は色あせていき、新たな様相を見せはじめている。それを促した要因として、次のような諸点を挙げることができよう。

1. 冷戦の終結に象徴される国際政治の構造的変動。
2. 科学技術の急速な発展により、情報の流通が加速される一方で陰謀論の消費人口は増大したが、質は低下した。
3. アルカイダやオウムのように正面から国家と戦ったり、在来型への敵意を表明する非国家組織の出現。

だからと言って、在来型が消滅したわけではない。新たな役割を見つけたり、組合せを変えたりしながら生きのびている。アルカイダによる九・一一事件はＣＩＡの自作自演、阪神、東日本の両大震災も、アメリカ（ＣＩＡ？）が仕掛けた地震兵器、人工津波のせいだとする珍説も流れているようだ。

まともに信じる人はほとんどいないはずだが、在来型のなかではスター役者だったＣＩＡとしては、こんな役廻りに落されるのは不本意にちがいない。

ユダヤ、メーソン、ＣＩＡを上から操る「三百人委員会」（後述）の登場も、同工異曲の産物だろう。

古顔に代って参入した新参の陰謀論は乱立気味ともいえる賑わいを見せているが、総じて小粒で終末論（ハルマゲドン）を意識したオカルト思想への傾斜が著しい。もはや特定の陰謀組織による世界支配よりも、核兵器の投げあいによる世界の物理的終末と人類の滅亡が先行するのではないか、という危機感に根ざしているのかもしれない。

しかし迫りくるハルマゲドンからの脱出と救済を約束する処方箋は、そう簡単には見つからない。混迷の渦中でユニークな行動原理を打ちだした一例として「オウム真理教」と名のった新興のカルト教団の場合を見よう。

立花隆は大田俊寛『オウム真理教の精神史』（二〇一一）の書評で、オウムの教義の起源として「ニューエイジ思想、トランスパーソナル心理学、ドラッグ神秘主義、チベット密教、ユダヤ＝フリーメイソン陰謀論、アメリカのキリスト教原理主義、酒井勝軍と竹内文書、ノストラダムスの大予言」などの思想的影響を挙げている。

いわばオカルト的宗教思想のゴッタ煮と評してよいが、借り物だらけとはいえ、それなりの内的な発展過程は見出せる。そしてオウムの最大の敵は、ハルマゲドンを計画しているフリーメーソン＝ユダヤ系の「三百人委員会」とされた。

ここに登場するメーソンは、SF＝オカルト的な姿に変貌させられている。「有害な電磁波によってもはや居住に適さなくなる地球を捨て」、スペースシャトルで宇宙へ移住する「スマイル計画」の陰謀を推進中というのだ。(27)

もうひとつの「三百人委員会」はあまりなじみのない新顔だが、邦訳が十数冊も出ているジョン・コールマンによると、一五〇年前に生まれたこの委員会は、極悪の秘密世界政府で九・一一テロをふくめ近現代の主な兇事を計画し、実行したとされる。究極の目標は世界の人口を一〇億人まで減らすことにあるというから、一種のホロコーストをめざしているのかもしれない。(28)

添付されている委員（三四六人）の顔触れ（表3参照）を見ると、一部のユダヤ人とフリーメーソン会員も加わっているが、イギリスのエリザベス現女王も入れているのは御愛嬌と受けとってよいだろう。

不特定多数のメンバーで構成され、指令塔の所在や命令系統も不分明なユダヤ、メーソンに比べ、謀議の中枢を三百人まで絞りこんだのは、多少ともレアリティを高める効能はあるに違いない。

では地下鉄サリン事件（一九九五年）をひきおこしたオウム教団の過激な行動面とは、どうつながるのか。オウムの内部文献に目を通した大田の説明によれば、「もはや長期間にわたる修行などといった悠長なことをしている場合ではない。社会からの洗脳を解き、迅速に真理に開眼させ、フリーメイソンの支配に抵抗し、さらにはハルマゲドンを戦い抜くことのできる〈戦士〉を育て上げることが何よりの目標[29]」に掲げられたのだという。

大田はまた、オウムが夢想した擬似国家を律する憲法まがいの「真理国基本律」なるものも紹介している。[30]要所を挙げると、

(1)　絶対主権者―シヴァ大神の化身で神聖法皇を名のる麻原彰晃。

図1　主要な陰謀相関図

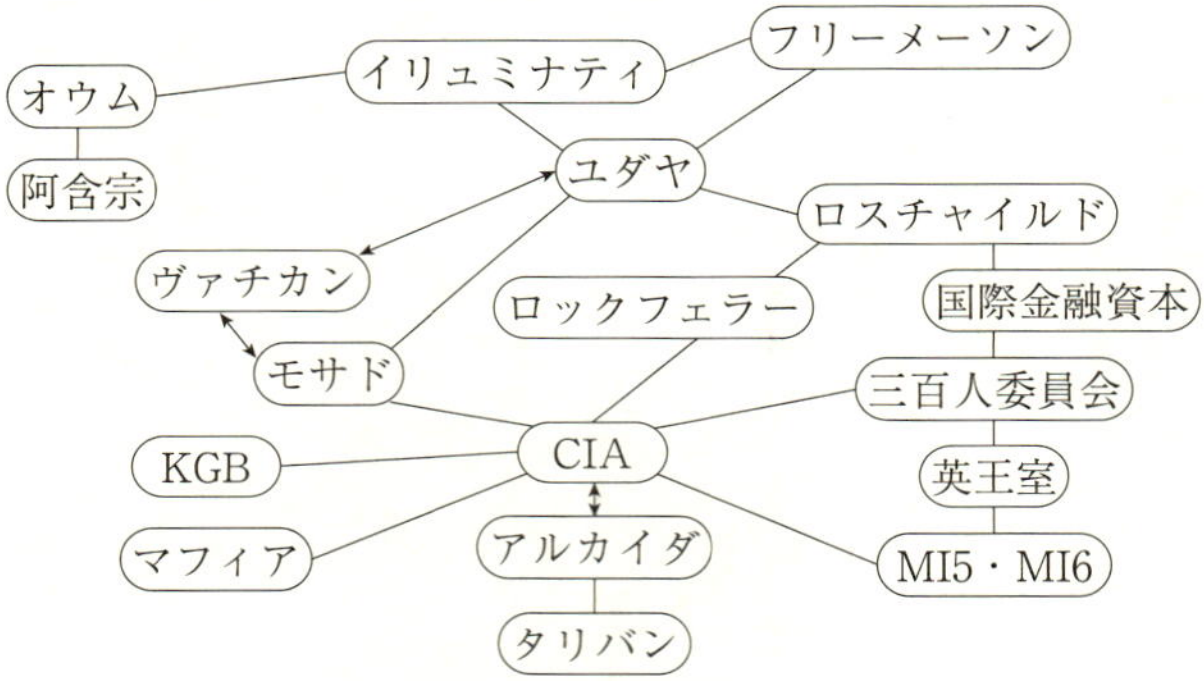

（注）海野弘『陰謀の世界史』（2002）の［30の陰謀相関図］から抜粋し、必要な補充を施した。

（2）天皇の廃位―葛城の氏を与え臣籍へ。
（3）国名―「日本」を廃し「真理国」または「オウム国」と改名。
（4）首都―富士山麓に移転。

のようなものだが、あとは省略する。

だが麻薬などの薬物で洗脳されたオウムの戦士たちは「真理国」のユートピアを見るまでもなく、米軍や公安などの「仮想敵」と戦うための無差別テロに駆り出され、過去のカルト教団たちと同様に自滅してしまった。

「ＣＩＡはばかだから絶対に捕まらない」と豪語していたビンラディンは、米海兵隊特殊部隊とＣＩＡのチームに殺害されたが、イスラム原理主義のアルカイダがオウムと同じ運命をたどるか、ひきつづき猛威を振るうのか、中国のような新興勢力と交替するのか、予見しがたい。

新旧が入り乱れた最近の陰謀論に、これ以上深入りするのはやめにして、話題になっている陰謀体の相関を図1でスケッチしておくだけにとどめたい。

仕掛人対「トリック破り」

陰謀論や陰謀史観の世界では、主役として祭りあげられる個人、組織、秘密結社など、それを創造したり盛りたてる仕掛人、多数の信奉者たちという三種のアクターが欠かせない。少数ながら陰謀の虚構部分に切りこむ「トリック破り」たちを付け加えてもよい。

なかでもカギを握るのが仕掛人であるのは当然として、誰でもなれるわけではない。浅くても広い学識を持ち、信奉者たちを操れる資質と技巧を必要とする。さりげなく通説に疑問を呈したあと「実は……」と切りだしたときには、受け手は半ば取りこまれていることが多い。

仕掛人が歴史の分野に集中するのも、黒白がつきやすい自然科学分野の争点とちがい、解釈の余地が広く、極端な場合には通説を裏返した陰謀史観の叙述さえ可能だからであろう。本書で取りあげた一五〇年余の日米関係史は、その好例といえる。

ヘーゲルは歴史を「異なるイデオロギーがくり広げる闘争の場」と定義したが、たしかに民主主義、マルクス主義、反ユダヤ、八紘一宇思想、イスラム原理主義のように強烈なイデオロギーの眼鏡を通すと、それぞれ違う歴史の風景が見えてくるはずだ。

実証主義を掲げるプロの歴史家も例外ではない。その結果、大東亜戦争を日本の「侵略戦争」と規定するプロの左派歴史家と、それを「自衛戦」ないし「聖戦」と見なすアマの右派歴史家が同じ土俵で対峙するのを、不毛なイデオロギー論争に割りこむのをためらい沈黙するか見守るだけの中間派という構図ができあがる。

私は歴史家の任務は直接的な因果関係の究明にあると考えるが、ある結果をもたらした原因は多岐にわたり軽重の順位をつけにくい。しかも対象期間を長くとるほど間接的な因果関係が混入して、「風が吹けば桶屋がもうかる」式の説明法が可能になってしまう。実際に陰謀史観の多くは、好みの事象を見つけようと起点を百年ぐらい前までさかのぼらせるのは珍しくない。では彼らの深層心理に根ざす動機は何だろうか。

『陰謀説の嘘』の著者であるアーロノビッチは、陰謀説が「政治的敗者によって考案され、社会的弱者によって支持され(31)」てきたと観察する。敗者や弱者の挫折は自身の失敗のせいではなく、邪悪な陰謀者の悪だくみにうっかり乗せられてしまったせいにすれば、気が晴れるというもの。

敗戦後の日本でアメリカ、コミンテルン、ユダヤ=メーソンの陰謀論が歓迎されたのは好例だが、高度成長期に国民が自信を取り戻したあとは影が薄くなり、エンターテインメントとしての意義が強まる傾向にある。

今後はイスラム、中国を主役とする新手の陰謀論、陰謀史観が登場すると思われるが、免疫力の獲得、つまり仕掛人にやすやすとだまされないようにする心得を個条的に列挙しておく。よくあるトリックの手口を知っておくのも、無駄ではないと思うからである。

因果関係の単純明快すぎる説明

たとえば第一次大戦の原因をめぐる歴史家の論争は責任論をふくめ一世紀近くつづいているが、まだ決着がついていない。直後は敗者のドイツが主犯視されたが、最近では複数の要因を列挙する傾向となっている。ヒトラーは「背後からの一撃」(兵士の反乱など国内の厭戦派による)がなければドイツは勝利したと論じ、単純明快を好む大衆の共感を集めた。

「日中戦争の拡大はイギリスの策謀」と扇動されて起きた日本国内の反英運動(一九三

八―四〇年）とか、「中国共産党の制覇（中国の喪失）は米国政府内に巣喰う容共派の裏切り」と呼号して「赤狩り」が猛威をふるったマッカーシー旋風（一九五〇年代前半）は、言論が「暴動化」を招来した例である。

飛躍するトリック

仕掛人は巧みな語り口の間に、もっともらしいトリックを仕掛ける例が多い。

さまざまなトリックのなかで、もっとも安易なのはシオン議定書、田中上奏文のようなもっともらしい「証拠文書」の偽造で、時として絶大な効果を発揮するが、遅かれ早かれ「トリック破り」に見破られてしまう。

より高度のテクニックとしては、読者の連想能力を利用する手法がある。作家の松本清張は、占領時代に起きた「怪事件」の多くを米軍の陰謀だと「論証」する作品を書き、今もそれを信奉する読者が少なくない。

下山国鉄総裁の轢死事件（一九四九年）では自殺か他殺かの論争が起きたが、米占領軍の謀殺説を打ちだした松本は着衣から検出された暗緑色の粉末の出所を論じ、「占領下の日本人なら、この色は米軍戦車の塗装を連想するはず」と前置きして、赤羽の兵器廠で殺害したあと死体を米軍専用列車に積み、五反野で投げ落したものと推理した。

いずれも具体的証拠は提示されていないのだが、読者の連想をつなぐ手法で説得力を高めている。とくに暗緑色の物品は他にも多々あるのに、連想のたたみかけで米軍戦車を持ち出した点に、トリックの卓抜さが光る。注意深く観察すれば他の作品にも連想の過程に、この種の飛躍型トリックが隠されていることに読者は気づくはずだ。

結果から逆行して原因を引きだす

犯罪ミステリーで、名探偵が「最大の受益者を探せ」と強調するのはなじみ深いシーンだが、同じ手法を用いる仕掛人は少なくない。

日中戦争を中国共産党の陰謀と唱える人士は多い。最大の受益者が国民党政権、日本、アメリカのいずれでもなく、中共党だったという結果からさかのぼる立論である。そのさいによく引用されるのは、社会党の訪中団が日本の侵略を謝罪すると、毛沢東は「日本のおかげで我々は政権を取れた」と感謝の意をほのめかしたという故事だ。

ところがユン・チアンによると、鄧小平は一九八九年に、「もっとも中国から利得したのはソ連(32)」と発言しているそうで、誰が受益者なのかを判定するのも容易ではない。

挙証責任の転換

陰謀史家たちが愛用する語り口には、攻めと守りの二種がある。前者は通説を紹介する途中でさりげなく疑問を挟んだあと、「実は……」と語りだす手法である。

もし証拠力が弱いと思えば、守りに切りかえればよい。とりあえずの仮説を示したあと、それを立証する公文書はまだ非公開だが、いずれ公開されれば「歴史は書き換えられるはずだ」と言い添える。いつまで待てば「全面公開」されるのか、問いただす人は希だろう。

最新刊のベストセラーである藤原正彦『日本人の誇り』（文春新書、二〇一一）には、両手法を組み合わせた次のような箇所が頻出する。[33]

「日本の大敗北となった百年戦争は実は日本の大殊勲」

「日米戦争は実は真珠湾攻撃以前に始まっていた」

「決定的証拠が一つもない〈南京大虐殺〉の真実は、中国の一党独裁崩壊後に情報公開されるだろう」

のたぐいだが、さらなる逃げ道も用意されている。数学と同様に「（大虐殺が）なかったことを証明することは今後とも不可能」というのだ。

つまり問題提起者は挙証責任を放棄し、受け手に転嫁してしまう仕掛けにしているのである。

無節操と無責任

陰謀論者たちは「論敵」関係にあるはずなのに、批判は相互に遠慮する傾向が見られる。共通の敵に共同して立ち向かうためなのか、論争して共倒れになりかねないのを避けようとしてなのか、理由はさだかでない。結果として、必要に応じ別の陰謀論者と提携ないし合体するのを容易にしている面がある。

反ユダヤで知られた四王天中将は一人で反ユダヤ、反フリーメーソン、反共産主義など複数の陰謀論を一緒くたに持ちだしていた（ただし親ナチ）。戦後はユダヤとメーソンが共闘関係にあると見なす風潮が一般化した。伝統もメンバーも異なる二つの「秘密結社」が、どんな理由と過程で合体したのか論証を抜きにしてのことである。

極端な事例では、仇敵関係に立つはずの米資本主義の本拠ロックフェラーと共産主義の野合関係を説く陰謀論（ゲイリー・アレン『ロックフェラー帝国の陰謀』、一九八四年）さえ登場した。

この種の矛盾や疑問をただしても、仕掛人たちはびくともしない。論証されても「参った」とは言わないし、予言が外れても平気で手直しするだけに終る。読者も苦にしないどころか、逆に「トリック破り」を白眼視する傾向さえある。

だからこそ、陰謀論と陰謀史観はいつの時代でも栄えていくのであろう。

(1) 立花隆『日本共産党の研究』上（講談社、一九七八）四二ページ

(2) 村田陽一『資料集・コミンテルンと日本』第二巻（大月書店、一九八七）四六九ページ
『赤旗』一九三二年十月特別号（司法省刑事局「思想研究資料・特輯第八十五号」、一九四一年五月）

(3) ヴォルコゴーノフ『勝利と悲劇―スターリンの政治的肖像』下（朝日新聞社、一九九二）一七ページ

(4) 前掲『歴史の書き換えが始まった！―コミンテルンと昭和史の真相』四六―五二ページ

(5) ウェルナー・マーザー『ニュルンベルク裁判』（TBSブリタニカ、一九七九）二三五ページ

(6) 横田喜三郎『戦争犯罪論』（有斐閣、一九四七）二七二ページ

(7) 三宅正樹『スターリン、ヒトラーと日ソ独伊連合構想』（朝日新聞社、二〇〇七）一九九ページ

(8) ヨースト・ヘルマント『理想郷としての第三帝国』（柏書房、二〇〇二）一七〇ページ

(9) 前掲マーザー、滝沢一郎「第二次大戦最大の戦犯はスターリンだった！」下（『正論』二〇一一年五月号）

(10) たとえば、グイド・クノップ『アドルフ・ヒトラー—五つの肖像』（原書房、二〇〇四）

(11) ティム・ワイナー『CIA秘録—その誕生から今日まで』上（文藝春秋、二〇〇八）一三七ページ

(12) 小谷賢『モサド』（新潮選書、二〇〇九）一〇ページ、別にS・スティーブン『イスラエル秘密情報機関』（毎日新聞社、一九八二）を参照

(13) マルワンの活動についてはイスラエル・グリーン「イスラエル最良のスパイ」（『みるとす』二〇一一年四月号）を参照

(14) イギリス諜報機関の活動については、Nigel West, *MI5* (London, 1981), *MI6* (London, 1983), Stephen Dorill, *MI6* (Free Press, 2000) を参照

(15) Edward G. Lansdale, *In the Midst of Wars* (Harper & Row, 1972)
Peter Grose, *Gentleman Spy : The Life of Allen Dulles* (Houghton Mifflin, 1994)

(16) 前掲ワイナー、一八〇—八三ページ、四一二—一五ページ、CIAの対日工作については春名幹男『秘密のファイル—CIAの対日工作』下（新潮文庫、二〇〇三）第八章を参照

(17) アンドレイ・イーレシュ『KGB極秘文書は語る』（文藝春秋、一九九三）第九章

(18) 秦郁彦「河豚《ふぐ》プランと日本—ユダヤ論の系譜」（秦『昭和史の謎を追う』上、一九九三）一七八ページ

(19) 白鳥敏夫「東西戦局の大観」（『盟邦評論』一九四四年七月号）

(20) デイヴィッド・グッドマン、宮沢正典『ユダヤ人陰謀説』（講談社、一九九九）二四ページ

(21) 同右、一三六ページ

(22) 同右、三八四—八五ページ

(23) 前掲春名、上、一七ページ

(24) 徳本栄一郎『1945日本占領—フリーメイスン機密文書が明かす対日戦略』（新潮社、二〇一一）九八ページ

(25) ジョン・L・レイノルズ『秘密結社を追え！』

（主婦の友社、二〇〇七）七〇ページ
(26) 朝日新聞、一九五〇年一月八日付
(27) 大田俊寛『オウム真理教の精神史』（春秋社、二〇一一）一九四ページ
(28) ジョン・コールマン『三百人委員会』（徳間書店、一九九四）三五〇―七〇ページ
(29) 前掲大田、二六四ページ
(30) 同右、二六八―六九ページ
(31) デビッド・アーロノビッチ『陰謀説の嘘―ユダヤ陰謀論から9・11まで』（ＰＨＰ研究所、二〇一一）五四四ページ／他に未見だが、辻隆太朗『世界の陰謀論を読み解く』（講談社現代新書、二〇一二）もある
(32) 前掲『マオ―誰も知らなかった毛沢東』下　四七ページ
(33) 前掲『日本人の誇り』二三〇、一九六、一二一、一一八ページ

［写真提供・引用一覧］（第一章〜第五章）
毎日新聞社／共同通信社／国立国会図書館／東京都立中央図書館／山形県立図書館／秦郁彦『昭和史の謎を追う』［上・下］（文藝春秋、一九九三）／新潮社
［イラスト］畠山モグ

あとがき

陸羯南《くがかつなん》（一八五七―一九〇七）は、日刊新聞の『日本』（日本新聞）を主宰した明治中期の著名なジャーナリストだが、一般には社員の正岡子規を隣家に住まわせ、その死まで手厚く庇護した有徳の人として知られる。

たまたま陸の伝記である有山輝雄『陸羯南』（二〇〇七）の詳細な年譜を眺めていて、気づいたことがある。明治二十一年（一八八八）の創刊から十数年、陸が執筆した社説の論調が当局の忌諱に触れてたびたび発行停止の処分を受けていることだ。

当時としては珍らしくない事象とはいえ、その頻度がなまなかではない。たとえば子規が入社した直後の明治二十六年には四回、翌二十七年は八回、二十八年は七回の発行停止を喰っている。いずれも数日から二週間の長さだから経営には痛手だったかと思われるが屈した気配はなく、しぶとく発行をつづけた。

しかも合い間を縫って条約改正とか三国干渉など硬派の争点をめぐり、他社の新聞と激しい論戦もくり返している。残念ながら子規がどう関わったのかはわからない。それでも明治期の日本ジャーナリズムの政府批判や論争を恐れず立ち向かう姿勢がひしひしと伝わってくる。

意見書、建白書の大量流通も、明治期言論の特徴として挙げられよう。前者は伊藤博文、山県有朋のような要路の大官、後者は自由民権運動の闘士たちによって書かれたものが重要だが、この時代にしては意外なほど言論の風通しが良かったことがわかる。

では戦後期の日本はどうか。米占領軍の主導で成立した現行の日本国憲法は「一切の表現の自由」を保障し、検閲を禁じたおかげで、日本のマスコミや寄稿者は陸や子規が味わった「発行停止」の苦難はついぞ知らずにすごしてきた。そのかわり言論に随伴する緊張感や責任感は、ゆるみがちという一面も否定できない。

とくに冷戦終結後は、過剰気味の言論が洪水のように溢れてはいても、なれあいか言いっ放しのまま流されているだけの観がある。「会議は踊る、されど進まず」のもどかしい姿と言ってよい。

一方では個人情報保護の名目で、「知る権利」はじわじわと犯されていくが、誰も抗議しないという事態が進んでいる。

私はかつて「この世には本物とニセ物に加えて真偽の判定が定まらないもの、つまり三種類の文書が出まわっている」と書いたことがある。放っておけば、個人情報保護法のもとで真偽不明の文書はどんどんふえる一方になるだろう。公的資料で真偽を確かめられないからだ。

それだけではない。健康増進法で不健康な趣味嗜好が取り締られるようになり、マイナンバー制の導入で「脱税の自由?」も奪われようとしている。いずれも明治人には無縁だった不自由さだろう。

自由が不自由を呼びこむ社会状況は、陰謀論や陰謀史観が繁昌する土壌になる。本書校正の途中で、加治将一『石の扉―フリーメーソンで読み解く世界』(新潮文庫)の書評を読んだ。

評者の女性コラムニストは「実は私、フリーメーソンに入会したいと思っていた……しっかりした後楯がなく、心の拠り所として、また社会基盤の一つとしてフリーメーソンに属すれば、安心した生活を送れるのではと真剣に考えたのだ」と書いたあと、女は入会できないそうだ、というオチまでつけている。

浮遊する人々にどんな方向性を与えたらよいのか、今後の宿題にしたい。

この本を書きあげるに当って、お名前は略すが多くの知友に啓発された。編集の労をとられた新潮新書編集部の丸山秀樹氏とあわせ、感謝の意を表したい。

二〇一二年二月

秦　郁彦

（文中敬称略）

秦　郁彦　1932（昭和７）年山口県生まれ。現代史家。東大法学部卒。ハーバード大、コロンビア大留学。プリンストン大、拓大、千葉大、日大で教授を歴任。著作に『慰安婦と戦場の性』など多数。

Ⓢ新潮新書

465

陰謀史観《いんぼうしかん》

著　者　秦《はた》　郁彦《いくひこ》

2012年４月20日　発行

発行者　佐　藤　隆　信

発行所　株式会社新潮社

〒162-8711　東京都新宿区矢来町71番地
編集部(03)3266-5430　読者係(03)3266-5111
http://www.shinchosha.co.jp

印刷所　錦明印刷株式会社

製本所　錦明印刷株式会社

ISBN978-4-10-610465-7　C0221

価格はカバーに表示してあります。

秦　郁彦◎好評既刊

慰安婦と戦場の性

歴史的遺恨の真相が全てわかるロングセラー
教科書問題や賠償訴訟など、今も日本を揺るがすアジア諸国との軋轢。その背景に根付く慰安婦問題は、なぜ生じ、どのように拡散してきたのか？戦下の日本人は本当に性獣だったのか？　貴重な証言や第一級資料から真相を読み解く決定版全書。

新潮選書

靖国神社の祭神たち

誰が祀られ、誰が祀られなかったのか？
幕末・維新の国事殉難者から太平洋戦争の戦没者まで、祭神数は二四六万余柱にのぼる「靖国」とは？　知られざる合祀基準とその歴史的変遷を辿りながら、Ａ級戦犯や女性たちの合祀事情をも追究し、謎に包まれた神社の真の姿に迫る問題作。

新潮選書